STATE
OF
THE ECONOMY

经济状态论

赵锦辉◎著

国民经济包括一种平衡态和四种非平衡态，四种非平衡态经济可以被界定为供给不足型经济、投资推动型经济、需求不足型经济和消费拉动型经济。

中国经济出版社
CHINA ECONOMIC PUBLISHING HOUSE
北京

图书在版编目（CIP）数据

经济状态论 / 赵锦辉著 . -- 北京：中国经济出版社，2021.7

ISBN 978-7-5136-6515-5

Ⅰ . ①经… Ⅱ . ①赵… Ⅲ . ①宏观经济学—研究 Ⅳ . ① F015

中国版本图书馆 CIP 数据核字（2021）第 128833 号

责任编辑　张利影
责任印制　巢新强
封面设计　华子图文

出版发行　中国经济出版社
印 刷 者　北京九州迅驰传媒文化有限公司
经 销 者　各地新华书店
开　　本　710mm × 1000mm　1/16
印　　张　11.75
字　　数　200 千字
版　　次　2021 年 7 月第 1 版
印　　次　2021 年 7 月第 1 次
定　　价　78.00 元
广告经营许可证　京西工商广字第 8179 号

中国经济出版社 **网址** www.economyph.com **社址** 北京市东城区安定门外大街 58 号 **邮编** 100011

序

人生活在世界上，就要不断地生产物质财富以满足自身需要。不同的人，处在不同的历史时期，面对不同的技术条件和制度约束，其追求物质财富的方式和效果不同，由此构成各具特色的经济状态。这些各具特色的经济状态，在微观层面，通常称为商业模式；在中观层面，通常称为产业模式；在宏观层面，通常称为经济发展模式。

经济状态到底有多少种？这是一个很难回答的问题。无论是微观、中观，还是宏观，构成经济的要素是多种多样的，有天气、地理、人、财、物、信息、制度等各种要素，这些要素在不同社会、不同历史时期呈现的方式各异，一旦将它们组合起来，就更加复杂，从而导致不同时空条件下的经济状态千差万别。这些千差万别的经济状态构成了丰富多彩的经济世界。

本书尝试对这个问题进行回答。本书的核心内容可以概括为：任何经济都呈现一定的状态，要从状态的角度出发研究经济运行规律。国民经济包括一种平衡态和四种非平衡态，这四种非平衡态经济可以被界定为供给不足型经济、投资推动型经济、需求不足型经济和消费拉动型经济。平衡态是理想的、相对的状态，非平衡态是常规的、绝对的状态。当经济处于非平衡状态时，政府要采用逆状态的调控政策，推动经济从非平衡态转向平衡态。如果采用调控政策还无法解决问题，政府就要通过深层次的体制机制变革促进经济平衡。

衷心感谢中央党校经济学部臧志风教授、王天义教授、李省龙教授对本书写作和出版的关心、支持和帮助。

因能力所限，本书只是初步提出了经济状态理论，未来还有大量的工作要做。衷心希望阅读本书的读者和学界同人能够提出宝贵意见，共同推动该理论发扬光大。

赵锦辉

2020年7月31日

序

人生活在世界上，就要不断地生产物质财富以满足自身需要。不同的人，处在不同的历史时期，面对不同的技术条件和制度约束，其追求物质财富的方式和效果不同，由此构成各具特色的经济状态。这些各具特色的经济状态，在微观层面，通常称为商业模式；在中观层面，通常称为产业模式；在宏观层面，通常称为经济发展模式。

经济状态到底有多少种？这是一个很难回答的问题。无论是微观、中观，还是宏观，构成经济的要素是多种多样的，有天气、地理、人、财、物、信息、制度等各种要素，这些要素在不同社会、不同历史时期呈现的方式各异，一旦将它们组合起来，就更加复杂，从而导致不同时空条件下的经济状态千差万别。这些千差万别的经济状态构成了丰富多彩的经济世界。

本书尝试对这个问题进行回答。本书的核心内容可以概括为：任何经济都呈现一定的状态，要从状态的角度出发研究经济运行规律。国民经济包括一种平衡态和四种非平衡态，这四种非平衡态经济可以被界定为供给不足型经济、投资推动型经济、需求不足型经济和消费拉动型经济。平衡态是理想的、相对的状态，非平衡态是常规的、绝对的状态。当经济处于非平衡状态时，政府要采用逆状态的调控政策，推动经济从非平衡态转向平衡态。如果采用调控政策还无法解决问题，政府就要通过深层次的体制机制变革促进经济平衡。

衷心感谢中央党校经济学部臧志风教授、王天义教授、李省龙教授对本书写作和出版的关心、支持和帮助。

因能力所限，本书只是初步提出了经济状态理论，未来还有大量的工作要做。衷心希望阅读本书的读者和学界同人能够提出宝贵意见，共同推动该理论发扬光大。

赵锦辉

2020年7月31日

前 言

经济状态理论是以马克思的社会再生产理论为基础，借鉴西方宏观经济学相关理论成果建立起来的从状态角度分析经济运动规律的理论。应用该理论可以分析现实国民经济中存在的四种非平衡态经济，比较不同状态的异同点，研究不同经济状态下的调控政策。

导论部分提出本书的研究意义、研究对象、研究思路和方法、研究框架和创新之处。随后，本书分八章展开论述：

第一章文献评述。本章对三类文献进行评述：一是对马克思社会再生产理论拓展研究文献进行评述；二是对西方经济增长理论进行评述；三是对马克思社会再生产模型应用研究文献进行评述。

第二章社会再生产平衡增长模型构建。本章分析了马克思社会再生产平衡条件，指出投资和消费的关系是影响社会再生产能否顺利进行的核心条件。在此基础上，借鉴西方经济增长理论的分析方法，构建社会再生产平衡增长模型。该模型与西方经济增长模型存在诸多不同。

第三章经济状态理论构建。从平衡增长模型出发，可以将经济状态区分为平衡态和非平衡态。从总量不平衡和结构不平衡出发，可以将非平衡态经济分为四种类型：供给不足型经济、需求不足型经济、投资推动型经济和消费拉动型经济。与凯恩斯的财政政策和货币政策相对应，把政府调控经济状态的政策分为投资政策和消费政策。投资政策和消费政策分紧缩性和扩张性两种类型。政府要根据经济所处的不同状态，采取不同的组合政策。

第四章供给不足型经济。本章指出，供给不足型经济分为三种子类型：第一种子类型是计划经济条件下的供给不足。以苏联为例，该类型供给不足的根源在于计划经济体制存在不足。第二种子类型是转型时期的供给不足。以我国为例，该类型供给不足的根源在于转型时期体制机制的迅速变化。第三种子类型是市场经济条件下的供给不足。该类型供给不足又分为和平时期的经济过热和战争时期的经济过热，两个时期的经济过热与经济环境的变化密切相关。

第五章需求不足型经济。本章以美国1929—1933年经济大萧条为例，指出美国经济大萧条的根源在于产能严重过剩。产能严重过剩在于投资不足和消费不足，投资不足的原因在于利润不足，消费不足的原因在于劳资双方对抗性的分配关系，同时，资本有机构成提高也进一步加剧了工人的消费不足。信用制度是生产过剩的主要杠杆。

第六章投资推动型经济。本章以我国为例，核算2008—2017年我国的不变资本、可变资本和剩余价值，指出我国经济从2008年开始进入投资推动型经济状态，投资率高，消费率低。以强势政府+地方政府的行政性竞争+国有企业主体地位这“三位一体”为特征的社会主义市场经济体制是我国保持高投资率的体制原因。“四万亿元投资”计划使我国有效应对国际金融危机，也导致投资过剩现象，使我国经济进入新常态。

第七章消费拉动型经济。本章以美国为例，核算1992—2017年美国不变资本、可变资本和剩余价值，指出美国在1992年后经济表现为消费拉动型经济状态，投资率低，消费率高。美国消费率高，根源在于以新自由主义为指导的市场经济体制，同时，产业空心化和金融业的高度发达也进一步拉高了消费率。

第八章经济状态理论综合分析。本章提出了全球经济总状态的概念。通过分析，指出全球经济处于投资推动型状态，要调整投资消费比例，推进全球经济再平衡。在此基础上，对四种类型经济状态的相互关系进行分析，指出存在状态锁定，状态调整，状态割裂、状态共存和状态互补这些情况。最后，从中美两国经济状态出发，指出当前中美两国都在对本国经济状态进行调整，“一带一路”倡议是这种状态调整的外部政策表现。新冠肺炎疫情对全球经济状态造成严重外部冲击，这种冲击促使两国经济状态发生变化。中美经济发展走向与两国对新冠肺炎疫情的控制水平密切相关。

目　录

导　论

本书研究经济状态理论。该理论是以马克思社会再生产理论为基础，借鉴西方宏观经济学相关理论成果，从状态角度分析经济运动规律的理论。导论对该理论的研究意义、研究对象、研究思路和方法、研究框架和创新之处进行阐述。

一、研究意义

马克思社会再生产理论是在批判地吸收魁奈的再生产理论基础上发展起来的，它以产业资本作为社会资本的代表，将社会总产品在实物上分为两大部类，在价值上分为三个组成部分。在一定假设条件下，建立再生产模型，分析简单再生产和扩大再生产两种类型下社会总产品的实现条件，从而揭示了市场经济条件下社会再生产的基本原理。

马克思社会再生产理论提供了国民经济的基本分析框架，为构建马克思主义国民经济理论做出开创性贡献，对于指导实际工作起到重要作用。列宁指出："马克思在《资本论》（第2卷）中对社会总资本的再生产的分析，也是极其重要和新颖的。”[①]20世纪80年代，我国正处于从社会主义计划经济向社会主义市场经济转型的历史时期，提高经济效益、转变经济增长方式成为当时重要的工作。在此背景下，我国掀起了一轮学习《资本论》（第2卷）再生产理论的热潮，这对于当时推动我国国民经济结构调整和经济体制改革，起到非常重要的指导作用。

20世纪90年代以后，随着西方经济学特别是宏观经济学的引入，马克思社会再生产理论研究处于低潮。学者们在研究宏观经济时，主要从西方宏观经济学理论出发进行分析思考，马克思社会再生产理论很少被提及。党的十八大之后，对马克思社会再生产理论研究的新一轮热潮再度兴起。

本书研究经济状态理论，就是以马克思社会再生产理论为基础，批判继承西方宏观经济学相关理论，将马克思社会再生产理论实现条件抽象化、现实化，从而发展马克思主义社会再生产理论。本书试图从三个方面研究经济状态理论：一是构建社会再生产平衡增长模型。马克思给出了社会简单再生产和扩大再生产的前提条件和实现条件，本书在借鉴西方经济增长理论的基础上，对这些条件进行进一步抽象，从而构建平衡增长模型。二是构建经济状态理论。在构建平衡增长模型的基础上，从总量平衡和结构平衡出发，将经济状态分为平衡态和非平衡态。非平衡态包括供给不足型经济、需求不足型经济、投资推动型经济和消费拉动型经济四种状态。三是对各种类型经济状态进行具体分析。以全球经济、中国、美国、苏联经济为例，探讨每一种经济状态的表现形式、产生原因及其治理对策。在此基础上，对四种经济状态的相互关系进行分析，并对中美两国未来经济发展走势进行展望。

① 列宁：《卡尔·马克思》，《列宁选集》（第二卷），人民出版社2012年版，第434页。

二、研究对象

经济状态理论以国民经济状态为研究对象。对于该研究对象，要注意把握以下三点：

（1）经济状态研究国民（宏观）经济，而不研究微观的企业经济和中观的产业经济。不论是微观、中观还是宏观经济，都存在各种各样的经济状态，本书只研究宏观的国民经济状态。

（2）经济状态研究的核心问题是流通问题。马克思社会再生产理论将社会资本流通作为国民经济的研究对象。国民经济要正常运转，就要求社会总产品的价值补偿和实物补偿能够顺利进行。同样，经济状态理论也是将流通作为研究对象。因为市场经济条件下，只有通过流通，社会资本生产的产品才能得到实现。只有实现了社会总产品，生产消费和生活消费才能得以正常进行。流通是社会总供给和社会总需求相互关联的枢纽，因此，必须以流通为核心，分析国民经济运行规律。

（3）经济状态和经济发展水平、经济体制之间既有联系，又有区别。任何一种经济状态都是生产力和生产关系相互作用的结果。不论是何种生产力水平，都存在社会总供求平衡的问题。不同生产力水平下，不同国家的经济状态可能相同，也可能不同。同样，奴隶社会、封建社会、资本主义社会、社会主义社会的经济体制有各自的特征，同一社会内部，不同国家的经济体制也有不同的类型。不论是何种体制，也都存在社会总供求平衡问题。不同体制下，不同国家的经济状态可能相同，也可能不同。

三、研究思路和研究方法

（一）研究思路

本书采用先理论后应用的研究思路。首先，以马克思社会再生产理论为基础，借鉴西方宏观经济学分析思路，构建经济状态理论的分析框架。其次，应用该框架分析现实中存在的四种非平衡态经济，比较不同状态的异同点，研究不同经济状态下的调控政策，从而推进该理论在现实中的具体应用。

（二）研究方法

（1）比较分析法。本书在研究过程中，将马克思社会再生产理论与西方宏观经济学各种理论进行比较分析，从而加深对问题的理解。

（2）演绎分析和归纳分析相结合的方法。本书从假设前提出发，首先，以马克思社会再生产条件为基础，借鉴西方经济增长理论，构建社会再生产平衡增长模型，进而得出经济状态理论。其次，采用归纳分析的方法，分析现实经济中存在的四种经济失衡状态，比较四种经济状态的异同点，从而将演绎法和归纳法有机结合。

（3）实证分析和规范分析相结合的方法。本书在研究过程中，首先，以中国、美国和苏联经济为例，对每一种经济状态的现实表现形式、成因和利弊进行实证分析。其次，对全球经济总状态进行分析。在此基础上，对中美两国当前经济发展状态和经济政策进行评析，并对新冠肺炎疫情对两国经济发展带来的冲击进行分析。

四、研究框架

本书研究路线如图0-1所示。

五、创新之处

本书力争在以下方面有所创新：

第一，以投资和消费关系为核心构建社会再生产平衡增长模型。马克

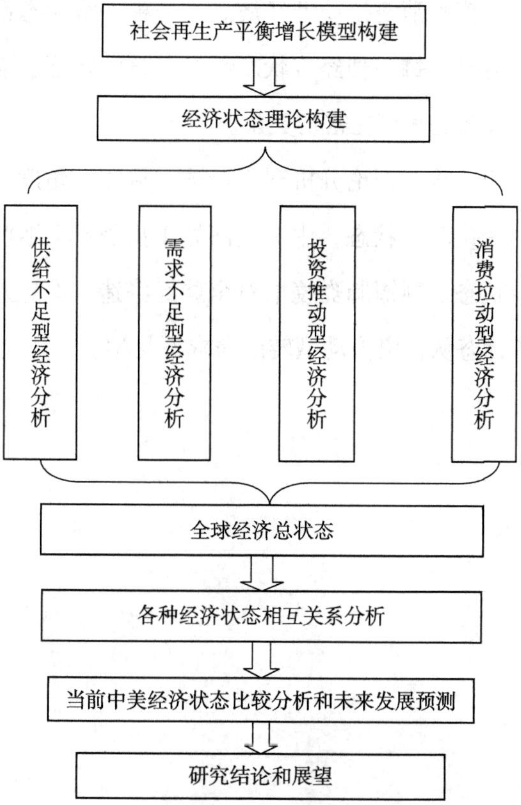

图 0-1 研究框架

思社会再生产理论指出国民经济要正常发展，就要求两大部类之间的投资和消费要保持按比例协调发展。在借鉴西方经济增长模型的基础上，可以构建以投资和消费关系为核心的社会再生产平衡增长模型，从而推进社会再生产理论创新。

第二，构建经济状态理论。本书尝试性地提出“经济运行有几种状态？”这个问题，并尝试从空间角度对这个问题进行解答。经济状态有平衡态和非平衡态之分。非平衡态又有总量不平衡和结构不平衡之分。从非平衡态出发，可以将经济分为四种类型：供给不足型经济、需求不足型经济、投资推动型经济和消费拉动型经济。每一种经济状态都是积累—消费周期运动的累积结果，每一种经济状态都有各自的特征、表现形式和产生原因，不同经济状态之间存在密切关系。

第三，应用经济状态理论分析现实经济。从实证角度出发，指出当前美国经济处于消费拉动型状态，中国经济处于投资推动型状态，全球经济处于投资推动型状态。新冠肺炎疫情对全球经济造成严重外部冲击，有可能导致全球经济状态从投资推动型转向需求不足型。

第一章　文献评述

经济状态理论的构建以马克思社会再生产理论为基础，同时借鉴了西方宏观经济学相关理论成果，因此，有必要对这两方面的相关研究进行评述。

第一节　马克思社会再生产理论拓展研究文献评述

许多学者对马克思社会再生产理论进行了拓展研究。这方面的代表作是李江帆模型和均衡积累增长关系模型。

一、李江帆模型①

李江帆（1990）指出，社会总产品不仅仅是针对实物而言，只要生产用于交换的服务产品，那么这些服务产品也能创造价值，因此，要将服务纳入社会总产品的范畴，从而建立包含实物和服务在内的社会再生产

① 李江帆：《第三产业经济学》，广东人民出版社1990年版，第399–416页。

模型。

将服务列为子部类，则社会再生产的两大部类可以分为四个副类：第一部类分为生产实物生产资料的Ⅰa副类和生产服务型生产资料的Ⅰb副类；第二部类分为生产实物消费品的Ⅱa副类和生产服务消费品的Ⅱb副类。假设所有生产资料的价值在一年内都转移到产品中去，产品按其价值量进行交换，价格保持不变，没有对外贸易，则：

Ⅰa　$3600C_t+2400C_s+900V_t+900M_t+600V_s+600M_s=9000$

Ⅰb　$2400C_t+1600C_s+600V_t+600M_t+400V_s+400M_s=6000$

Ⅱa　$1800C_t+1200C_s+450V_t+450M_t+300V_s+300M_s=4500$

Ⅱb　$1200C_t+800C_s+300V_t+300M_t+200V_s+200M_s=3000$

其中，C_t和C_s分别表示社会产品中应以实物形式和服务形式的生产资料替换的部分；V_t和V_s分别表示必要产品中应以实物消费品和服务消费品替换的部分；M_t和M_s分别表示剩余产品中应以实物消费品和服务消费品替换的部分。

由此，可以得到两大部类之间的5个平衡条件。第一个平衡条件是：

$$V_{Ⅰ}+M_{Ⅰ}=C_{Ⅱ} \qquad (1\text{-}1)$$

公式（1-1）表示两大部类之间交换的生产资料和消费资料要保持平衡。

第二个平衡条件是：

$$S_c(V_{Ⅰa}+M_{Ⅰa})=(1-S_p)C_{Ⅱb} \qquad (1\text{-}2)$$

其中，S_c表示消费软化系数，表示居民服务消费品占全部消费品的比重；实物消费品占全部消费品的比重，称为消费硬化系数，用（$1-S_c$）表示；S_p表示生产软化系数，表示服务型生产资料占全部生产资料的比重；实物型生产资料占全部生产资料的比重，称为生产硬化系数，用（$1-S_p$）表示。

公式（1–2）表明，生产实物生产资料的Ⅰa副类必要消费品和剩余消费品之和与消费软化系数之积，必须等于生产服务消费品的Ⅱb副类所需生产资料与生产硬化系数之积。该公式揭示了实物型生产资料与服务消费品之间的平衡条件。

第三个平衡条件是：

$$S_c(V_{\text{I}b}+M_{\text{I}b})=S_pC_{\text{II}b} \tag{1-3}$$

公式（1–3）表明，生产服务生产资料的Ⅰb副类必要消费品和剩余消费品之和与消费软化系数之积，必须等于Ⅱb副类所需生产资料与生产软化系数之积。该公式揭示了服务型生产资料与服务消费品之间的平衡条件。

第四个平衡条件是：

$$(1-S_c)(V_{\text{I}a}+M_{\text{I}a})=(1-S_p)C_{\text{II}a} \tag{1-4}$$

公式（1–4）表明，Ⅰa副类中必要产品量和剩余产品量之和与消费硬化系数的乘积，必须等于Ⅱa副类所需生产资料量与生产硬化系数的乘积。该公式揭示了实物型生产资料与实物消费品的平衡条件。

第五个平衡条件是：

$$(1-S_c)(V_{\text{I}b}+M_{\text{I}b})=S_pC_{\text{II}a} \tag{1-5}$$

公式（1–5）表明，Ⅰb副类中必要产品量和剩余产品量之和与消费硬化系数之乘积，必须等于Ⅱa副类所需生产资料量与生产软化系数的乘积。该公式揭示了服务型生产资料与实物消费品的平衡条件。

作者认为，Ⅰa、Ⅱa构成第一、二产业，生产实物产品，Ⅰb和Ⅱb生产服务产品，构成第三产业。其中，Ⅰb是生产服务部门，Ⅱb是生活服务部门。因此，两大部类的平衡条件就是三大产业之间的平衡条件。

纵观李江帆的分析，他通过将第一部类和第二部类分别分为两大副类，从而将服务类产品引入社会再生产理论，这是其理论贡献。但是，该理论也值得商榷：

首先，他认为两大部类之间的平衡条件实际上就是三大产业之间的平衡条件。这就误解了两大部类和三次产业之间的区别。马克思是从产品的最终用途将社会总产品分为两大部类的，而三次产业的分类方法不是从用途入手，而是以经济活动的阶段为依据。在人类早期，第一阶段即初级阶段，人类的主要活动是农业和畜牧业；第二产业开始于英国工业革命，主要强调制造业的发展；第三产业开始于20世纪初，主要强调服务业的发展。第一产业的主要属性是其产品取自自然界；第二产业是加工取自自然的生产物；第三产业的特性是其提供非物质产品。因此，两大部类的分类标准不能完全等同于三次产业的分类标准，不能将两大部类平衡条件理解为三次产业平衡条件。

其次，公式（1-2）到公式（1-5）揭示了四个副类的平衡条件。从定量的角度讲，实物生产资料与服务消费品、服务型生产资料与服务消费品、实物生产资料与实物消费品、服务型生产资料与实物消费品这四者之间的确存在着类似的比例关系。但从定性的角度讲，能否用这些公式表达这种定性关系则值得商榷。以公式（1-2）为例，公式左边的$V_{\text{I}a}+M_{\text{I}a}$，从实物形态看，表示$\text{I}_a$副类所生产的实物生产资料，从价值形态看，则表示$\text{I}_a$副类资本家和工人所需要的实物消费品和服务消费品；公式右边的$C_{\text{II}b}$，从实物形态看，表示II_b副类所生产的服务消费品，从价值形态看，则表示Ⅱ$_b$副类资本家所需要的实物生产资料和服务型生产资料。这两个子副类相交换，不能同时实现价值补偿和实物补偿。因此，必须从定性和定量相统一的角度进一步调整这四个副类平衡条件的表达方式。

二、均衡积累增长关系模型评述①

均衡积累增长关系模型是程恩富、马艳在《高级现代政治经济学》中提出的。该模型假定资本有机构成不变、假定利润率已经平均化，从而构建静态条件下同时保证社会总产品实现和两大部类同比例增长的平衡积累率的经济增长模型。

（一）平衡交换方程

在利润平均化之后，社会总产品的构成可以表示为：

$$c_1+v_1+\pi_1=z_1$$

$$c_2+v_2+\pi_2=z_2$$

其中，c、v、π 表示以生产价格计量的不变资本、可变资本和平均利润；下标1和2表示生产生产资料的第一部类和生产生活资料的第二部类；z表示社会总产品的生产价格。

在简单再生产条件下，社会总产品的实现条件可以表示为：

$$v_1+\pi_1=c_2$$

在扩大再生产条件下，该条件变形为：

$$v_1+\pi_1-\Delta c_1=c_2+\Delta c_2$$

该公式表明，扩大再生产条件下，第一部类原有的可变资本加上平均

① 程恩富、马艳：《高级现代政治经济学》，上海财经大学出版社2012年版，第234–239页。

利润之和减去追加不变资本Δc_1，必须等于第二部类的原有不变资本加上追加不变资本。

设第i（i=1，2）部类的平均利润中用于积累的比率（简称积累率）为s_i，则该部类中用于新增资本的积累部分为$s_i\pi_i$，用于资本所有者个人消费的部分为$(1-s_i)\pi_i$；假设新增资本中，不变资本的比率为θ_i，可变资本的比率为$1-\theta_i$，则新增不变资本$\Delta c_i=\theta_i s_i\pi_i$，新增可变资本$\Delta v_i=(1-\theta_i)s_i\pi_i$，因此，社会总产品的实现条件可以表示为：

$$v_1+\pi_1-\theta_1 s_1\pi_1=c_2+\theta_2 s_2\pi_2$$

因此，$$s_2=(v_1+\pi_1-c_2)/\theta_2\pi_2-(\theta_1\pi_1/\theta_2\pi_2)\times s_1 \qquad (1\text{-}6)$$

公式（1–6）是用两大部类积累率以及新增不变资本比率表示的社会总产品实现条件。该公式可以称为“平衡交换方程”，由该公式决定的积累率组合称为“平衡交换积累率”。平衡交换积累率是保证两大部类平衡交换的积累率组合。以横轴表示s_1，纵轴表示s_2，则可得到平衡交换曲线。该曲线表示随着积累率s_1变动，积累率s_2变动。

（二）平衡增长积累率

当两大部类同比例增长时，用Δw_1和Δw_2代表第一部类和第二部类的总产值增量，用$\Delta w_1/w_1$和$\Delta w_2/w_2$表示总产值增长率，两大部类平衡增长意味着：

$$\Delta w_1/w_1=\Delta w_2/w_2$$

假设π'代表整个社会的平均利润率。当π'不变时，两大部类平衡增长，这意味着$s_2\pi'=s_1\pi'$，

即 $$s_2=s_1 \qquad (1\text{-}7)$$

因此，在考虑利润平均化之后，两大部类平衡增长的条件要求两大部类的积累率相同。公式（1–7）可以称为“平衡增长方程”，由该公式决定的积累率组合称为“平衡增长积累率”。平衡增长积累率是指保证两大部类平衡增长的积累率组合。

（三）平衡积累率和增长类型

将公式（1–7）代入公式（1–6）中，并用S*表示同时满足这两个方程的积累率，即平衡积累率，可得：

$$S^*=(v_1+\pi_1-c_2)/(\theta_2\pi_2+\theta_1\pi_1) \tag{1–8}$$

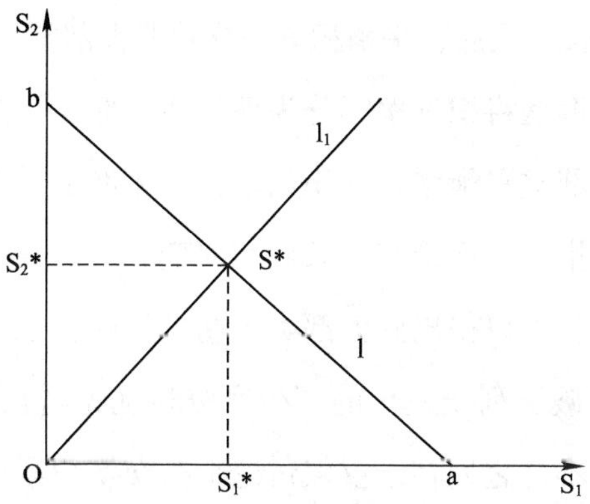

图 1–1 平衡积累率和增长类型

由图1–1可知，平衡交换曲线l和平衡增长曲线l_1的交点为平衡积累率S*。可以得出如下结论：

第一，点S*表示使两大部类平衡增长的积累率组合。因此，当两大部类积累率相等时，两大部类的增长率相同。这里不存在所谓的“优先增长”问题。

第二，在线段aS*上，任何一点都代表使第一部类增长快于第二部类增长的积累率组合。这是因为，线段aS*上的任何一点都位于平衡增长曲线的右下方，这是第一部类相对增长较快的地方。因此，当两大部类的积累率位于线段aS*上，将出现“生产资料生产优先增长”。

第三，在线段bS*上，任何一点都代表使第二部类增长快于第一部类增长的积累率组合。这是因为，线段bS*上的任何一点都位于平衡增长曲线的左上方，这是第二部类相对增长较快的地方。因此，当两大部类的积累率位于线段bS*上，将出现“消费资料生产优先增长”。

因此，不论两大部类的新增不变资本比率（从而资本有机构成）如何变化，也无论$v_1+\pi_1-c_2$或其他因素如何变化，总是存在三种不同类型的平衡交换积累率组合，其中一些组合使第一部类优先增长，另外一些组合导致第二部类优先增长，最后，平衡积累率导致两大部类平衡增长。

均衡积累增长模型将积累率区分为满足两大部类交换条件的平衡交换积累率和保证两大部类平衡增长的积累率，这拓展了学界对于积累率的理解。同时，该理论指出，不论其他条件如何变化，仅仅是从两大部类平衡交换积累率出发，就可以得出两大部类平衡增长或者某一部类优先增长的理论结论。这就突破了列宁提出的“生产资料优先增长原理”，这是其理论贡献。该理论的不足之处在于仅仅讨论平衡交换积累率的三种组合，而没有将其动态化。平衡交换曲线l和平衡增长曲线l_1将经济增长分为四个象限，理论上要继续探讨四个象限不同积累率的变化导致经济增长的变动趋势，从而将该模型进一步动态化。

因此，李江帆的模型和均衡积累增长关系模型拓展了马克思社会再生产理论的研究范围，拓展了积累率的概念，对于构建经济状态理论起到重要借鉴作用。未来，要将这两类模型动态化，深入探索其在现实经济中的具体应用。

第二节　西方经济增长理论评述

西方经济增长理论是现代西方宏观经济学的重要组成部分。它以社会总体经济行为为研究对象，以促进经济增长为研究目标，是构建经济状态理论的重要思想来源。

一、哈罗德模型评述①

哈罗德认为，经济学可以分为静态经济学和动态经济学。静态经济学和动态经济学都可以划分为微观经济学和宏观经济学。静态经济学的基本公理就是指最广义的“供求规律”，但是，动态经济学却一直缺乏基本公理。凯恩斯对经济学的贡献主要体现在宏观经济学领域。但是，其绝大部分局限于静态经济学的领域。所以，需要对动态经济学进行研究。

哈罗德提出，宏观层面的动态经济学由三个方程组成：

第一个方程是：

$$G=s/C \tag{1-9}$$

其中，G代表单位时间的增长率。$G=\Delta Y/Y$，Y代表收入；s代表储蓄率；C代表资本产量比。

该方程是投资必然等于储蓄这一事实的动态化的表述法。该方程表明，要实现经济均衡增长，就要求国民收入增长率等于社会储蓄倾向与资本产量比这二者之比。

第二个方程是：

① 哈罗德：《动态经济学》，商务印书馆1981年版。

$$G_w=s_d/C_r \qquad (1\text{–}10)$$

该方程说明需要有什么样的增长率，才能使人们愿意进行的储蓄等于投资。G_w称为“有保证的增长率”；s_d表示人们意愿储蓄率；C_r代表厂商合意的资本产量比。

第三个方程是：

$$G_n=s_o/C_r \qquad (1\text{–}11)$$

其中，G_n被称为自然增长率，即这种增长率充分利用了增长了的劳动人口，而且也体现了技术进步。s_o是由自然增长率决定的储蓄率，也是政府长期力求达到的最适宜的储蓄率。

哈罗德认为，如果所有决策使得实际增长率等于有保证的增长率，那将几乎是一个奇迹。经济一旦偏离均衡增长路径，以致$G>G_w$，则会出现$s> s_d$，或者$C<C_r$，或者二者兼而有之。在任一情况下，厂商订货都将增加，都将使得实际增长率超过有保证的增长率；反之，就会出现相反现象。这就是“不稳定原理”。

哈罗德借助凯恩斯的理论，将宏观经济进行动态化，他通过提出有保证的增长率概念，将微观的企业运行和宏观的国民经济调控目标有机联系起来，从而将宏观经济增长建立在微观企业运行基础上。同时，他还通过提出自然增长率这个概念，将人口增长与经济增长有机联系起来，这是其理论贡献。但是，其模型也存在不足：第一，不稳定性原理意味着资本主义经济发展很难稳定在一个不变的发展速度上，不是连续上升，就是连续下降，呈现出剧烈波动的状态，这不符合现实。第二次世界大战后，西方经济并没有出现哈罗德模型所揭示的大起大落现象。第二，哈罗德并没有揭示经济从大起到大落的转换机制。第三，哈罗德所指出的有保证的增长率是建立在企业家的心理因素上，这就将其模型建立在主观判断基础上。第四，将经济增速与人口增长率联系起来，这不符合现实。

二、索洛模型评述

索洛指出，哈罗德提出的不稳定原理是建立在生产要素比例不变的前提下。在生产中，如果劳动对资本存在替代，则不稳定平衡就不存在了。在批判地继承哈罗德模型基础上，索洛建立了新古典增长模型。

（一）模型推导①

索洛假定经济只生产一种商品，生产的规模报酬不变；不考虑资本折旧，产出中用于储蓄的份额是s，则生产函数可以表示为：

$$Y=F(K,L) \tag{1-12}$$

其中，K为资本，L为劳动。

$$\text{净投资}\dot{K}=sY \tag{1-13}$$

将公式（1-12）带入公式（1-13），可得：

$$\dot{K}=sF(K,L) \tag{1-14}$$

这是包含两个未知变量的方程。为求解该方程，需要增加一个对劳动的需求方程。假定劳动力以相对不变的比率n增长，则：

$$L(t)=L_0e^{nt} \tag{1-15}$$

这里的L代表可用劳动供给量，公式（1-12）中的L代表的是总就业量，假定存在充分就业，则：

① Robert M.Solow. A Contribution to the Theory of Economic Growth[J]. The Quarterly Journal of Economics，1956，70（1）：65-69.

$$\dot{K}=sF(K, L_0e^{nt}) \quad (1\text{–}16)$$

该方程是微分方程。为求解该方程，引入新变量：

$$r=K/L$$

这里，r表示资本—劳动比率。通过K对时间求导，可得：

$$\dot{K}=L_0e^{nt}\dot{r}+nrL_0e^{nt}$$

将该式代入公式（1–16），可得：

$$(\dot{r}+nr)L_0e^{nt}=sF(K, L_0e^{nt})$$

由于规模报酬不变，可以将生产函数中的两个变量都除以L，经过整理，可得：

$$\dot{r}=sF(r, 1)-nr \quad (1\text{–}17)$$

这是索洛模型的基本方程。这里，F（r，1）是每单位劳动所运用的资本量变化时的总产出曲线，说明每个工人的产出量是每个工人拥有的资本的函数。因此，该公式表明，资本—劳动比率的变化率是两项之差，一项代表资本的增加，另一项代表劳动的增加。

（二）稳态条件讨论

索洛指出，1958年卡尔多总结了工业发达国家经济增长的六个“典型事实”：在相当长的时期内，实际的人均产量（或实际的单位工时产量）的增长率大致相同；人均资本按照稳定速率进行增长；资本—产量比率没有整体性变化趋势；资本利润率呈现出大致不变的趋势性；不同国家人均产量的增长率呈现出很大的差异性；利润占收入的比率较高的国家具有较高的投资—产量比率的倾向。索洛将满足前三个（或许前四个）“典型事实”的增长经济称为“稳定状态”经济。①

① 罗伯特·M.索洛：《经济增长理论：一种解说》（第二版），格致出版社、上海三联书店、上海人民出版社2015年版，第20–22页。

假定方程（1–17）可以用图1–2表示，横坐标为r，纵坐标为$\dot{r}$，通过原点的射线的斜率为n，该射线表示nr；另一条曲线代表函数sF（r，1），该曲线通过原点，且向上凸。

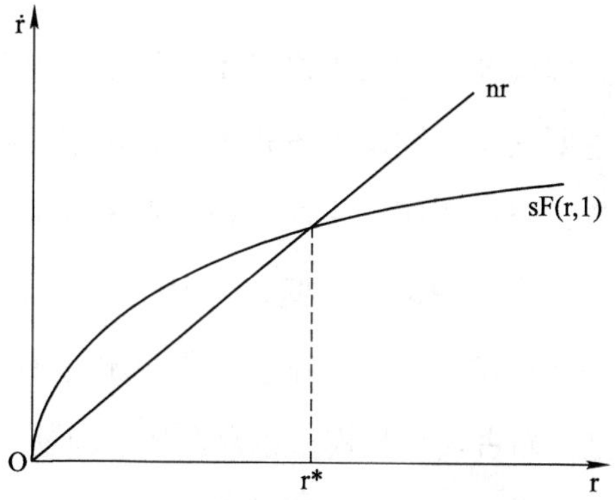

图1–2　新古典增长模型的稳态

在交点处，有nr=sF（r，1），且$\dot{r}$=0。当$\dot{r}$=0时，资本—劳动比率为常数r*，资本和劳动保持相同的比率n扩张。这时，经济保持稳态运行。

当$\dot{r} \neq 0$时，在交点右端，r> r*，nr>sF（r，1），由公式（1–17）可知，随着经济运行，r会下降，趋向r*；反之，如果r< r*，nr<sF（r，1），由公式（1–17）可知，随着经济运行，r会上升，趋向r*。因此，不论初始的资本—劳动处于什么比率，经济最终都会趋向稳定。①

（三）考虑技术进步条件下的稳态经济

索洛指出，稳态经济行为的分析表明，资本存量增长率等于劳动供给的增长率，总产量的增长率等于就业量的增长率。但现实表明，现代工业经济要求产量和资本存量的增长快于就业量的增长，要解释这个现实，就

① Robert M.Solow. A Contribution to the Theory of Economic Growth[J]. The Quarterly Journal of Economics，1956，70（1）：69–70.

必须将技术进步和规模收益递增因素考虑在内。技术进步在现实经济中起着相对更重要的作用。当技术进步采取劳动增加型的特殊形式、生产函数采用柯布—道格拉斯生产函数形式时，经济能够处于稳定状态。①

（四）评述

索洛模型为我们理解经济增长提供了重要的分析思路。不同国家经济增长之所以不同，主要在于不同国家投资率、就业率、技术进步之间存在着差异。就长期而言，经济之所以发展，根源在于技术进步。这为阐述科技进步是第一生产力提供了理论分析框架。因此，索洛模型成为新古典学派阐述经济增长的基准模型，在此基础上，衍生出许多解释经济增长的新古典增长模型。但是，新古典增长模型也存在如下问题：

第一，新古典增长模型建立在要素价值论基础上。新古典增长模型的微观基础是要素价值论。它认为资本、劳动、技术等生产要素共同推动经济增长。经济增长被分解为资本增长率、劳动增长率和全要素生产率之和。这违背了马克思的劳动价值论。实际上，推动经济增长的因素只能是劳动，资本不创造价值，在生产过程中只能转移价值。因此，建立在要素价值论基础上的新古典增长模型是不科学的。

第二，新古典增长模型是建立在资本边际收益递减的假设前提下。随着资本投入量的不断增加，资本收益会不断降低，进而经济增长会停滞不前。这与现实不完全符合。改革开放以来，我国的资本量在不断增长，经济总体却保持相对稳定的增长态势，因此，资本边际收益递减的假设不能完全成立。

总的来看，西方宏观经济学对于国民经济运动规律进行了很多探讨，

① 罗伯特·M.索洛：《经济增长理论：一种解说》（第二版），格致出版社、上海三联书店、上海人民出版社2015年版，第48–52页。

这对于构建经济状态理论起到重要借鉴作用，但西方经济增长理论有的建立在主观判断基础上，有的建立在要素价值论基础上，这就导致其理论存在这样或那样的不足。

第三节 马克思社会再生产模型应用研究文献评述

马克思社会再生产理论发表后，应用马克思社会再生产理论对现实经济进行分析成为其理论应用的重要方面，这种应用对于推进经济状态理论的现实应用具有重要启示。

一、技术进步条件下生产资料优先增长的原理①

列宁指出，马克思社会再生产理论假设技术进步不变，在存在技术进步的条件下，v：（c+v）在逐步减小，这就会得出生产资料比消费品增长得快的结论。

假设第一年：

Ⅰ 4000c+1000v+1000m=6000 v：（c+v）=20%

Ⅱ 1500c+750v+750m=3000 v：（c+v）=33.3%

假设第Ⅰ部类资本家的剩余价值一部分用于消费，另一部分用于积累。在进行资本积累时，资本有机构成提高：

Ⅰ 500m=450c+50v v：（c+v）=10%

Ⅱ 60m=50c+10v v：（c+v）=1/6

① 列宁：《论所谓市场问题》,《列宁全集》（第一卷），人民出版社1984年版，第59–68页。

由此可得，要使两大部类再生产正常进行，则：

Ⅰ 4450c+1050v+500m=6000

Ⅱ 1550c+760v+690m=3000

则通过扩大再生产，第二年的社会总产值表示如下：

Ⅰ 4450c+1050v+1050m=6550　　　　v ：（c+v）=19.2%

Ⅱ 1550c+760v+760m=3070　　　　v ：（c+v）=32.9%

假设第二年在进行资本积累时，资本有机构成进一步提高：

Ⅰ 525m=500c+25v　　　　v ：（c+v）=约1/21

Ⅱ 28m=25c+3v　　　　v ：（c+v）=约1/9

两大部类再生产要正常进行，社会总产品要按如下比例进行分配：

Ⅰ 4950c+1075v+525m=6550

Ⅱ 1602c+766v+702m=3070

通过再生产，可得第三年的社会总产值：

Ⅰ 4950c+1075v+1075m=7100　　　　v ：（c+v）=17.8%

Ⅱ 1602c+766v+766m=3134　　　　v ：（c+v）=32.3%

因此，随着社会再生产的进行，制造生产资料的生产资料从第一年的4000增长到第二年的4450，再增长到第三年的4950，第二年比第一年增长11.25%，第三年与第一年相比增长23.75%；制造消费资料的生产资料从第一年的2000增长到第二年的2100，再增长到第三年的2150，第二年比第一年增长5%，第三年比第一年增长7.5%；消费资料从第一年的3000增长到第二年的3070，再增长到第三年的3134，第二年比第一年增长2%，第三年比第一年增长4%。"这样，我们看到，增长最快的是制造生产资料的生产资料增长，其次是制造消费资料的生产资料增长，最慢的是消费资料生产。"①

① 列宁：《论所谓市场问题》，《列宁全集》（第一卷），人民出版社1984年版，第66页。

生产资料的优先增长，是与技术进步导致资本有机构成提高相适应的一种客观趋势。但这并不意味着生产资料增长能够绝对地、无条件地快于消费资料增长。在某些情况下，消费资料优先增长也具有客观必然性。若一味强调生产资料优先增长，只会导致投资、消费比例失调，导致两大部类之间的平衡条件被打破，人民生活水平长期得不到提高，从而导致经济危机。

二、资本有机构成、剩余价值率和储蓄率递增条件下的扩大再生产

杨继国指出，要放弃马克思的假设前提，将社会再生产模型动态化。他考虑资本有机构成、剩余价值率和储蓄率全部递增条件下的扩大再生产。如表1–1所示。[①]

表1–1 资本有机构成、剩余价值率、储蓄率全部递增的扩大再生产

生产周期	C		V		M		合计			增长率（%）			
	Ⅰ	Ⅱ	Ⅰ	Ⅱ	Ⅰ	Ⅱ	C	V	GNP	C	V	GNP	NI
0	5000	1425	1000	285	1000	285	6425	1285	8995	—	—	—	—
1	5417	1583	1083	316	1191	348	7000	1399	9938	8.95	8.87	10.48	14.32
2	5953	1738	1172	343	1406	412	7691	1515	11024	9.87	8.29	10.93	13.44
3	6629	1902	1269	368	1650	478	8531	1637	12296	10.92	8.05	11.54	12.96
4	7473	2075	1374	391	1924	547	9548	1765	13784	11.92	7.82	12.10	12.51
5	8512	2259	1489	412	2234	618	10771	1901	15524	12.81	7.93	12.69	12.20
6	9781	2452	1616	433	2586	692	12233	2049	17560	13.57	7.79	13.12	12.08
7	11322	2661	1756	453	2985	770	13983	2209	19947	14.31	7.86	13.60	11.96
8	13182	2881	1911	473	3440	851	16063	2385	22741	14.88	7.97	14.01	11.93

① 杨继国：《对扩大再生产模型的“扩展”研究——从马克思主义经济学视角看宏观经济均衡增长条件》，《厦门大学学报》（哲学社会科学版）2002年第2期，第66页。

续表

生产周期	C		V		M		合计			增长率（%）			
	Ⅰ	Ⅱ	Ⅰ	Ⅱ	Ⅰ	Ⅱ	C	V	GNP	C	V	GNP	NI
9	15418	3115	2083	493	3958	935	18533	2576	26002	15.38	8.01	14.34	11.84
10	18100	3367	2272	511	4547	1020	21467	2783	29817	15.78	8.15	14.50	11.79

注：“Ⅰ”“Ⅱ”分别表示第一部类和第二部类，“GNP”表示总值，“NI”表示国民收入。

通过研究，他认为，在放弃马克思的假设前提下，利润率趋向下降的规律仍然成立。同时，马克思假定积累率和资本有机构成不变是经济保持长期均衡增长的条件。而在市场经济条件下，资本有机构成提高是经济发展的趋势和技术进步的必然结果，这就导致宏观经济均衡增长条件和资本有机构成之间存在着难以克服的矛盾，因此，这就必然导致经济存在周期性变化。

杨继国从现象出发，观察出积累率和资本有机构成不变是经济保持长期均衡增长的条件，但是，由于其未将该观察模型化上升到理论层面，从而导致其未能抽象出社会再生产理论的一般均衡条件。同时，他认为，在资本有机构成提高、剩余价值率和储蓄率递增的条件下，经济增长率会下降。实际上，当三者同时增长时，如果剩余价值率的增长速度超过资本有机构成和储蓄率的增长速度，经济增长率可能不会下降，反而会上升。

三、关于马克思平均利润率变化趋势的验证

由于两大部类积累率不变，故平均利润率不变是马克思社会再生产模型的重要假设条件。国内学者以发达资本主义国家为例研究利润率的长期变化趋势。

李民骐和朱安东计算了1869—2000年美国私人部门的利润率。他们认为，利润率是利润与资本量之比。利润的计算方法是用国内生产净值减去

工资成本（劳动者报酬）和税收成本（包括间接税和公司所得税），也等于资本家阶级的全部税前个人收入（红利、利息、租金和非公司企业利润之和）；资本则采用私人部门的全部非住宅固定资本净值。通过计算，他们给出了美国长期利润率的变化规律①，如图1–3所示。

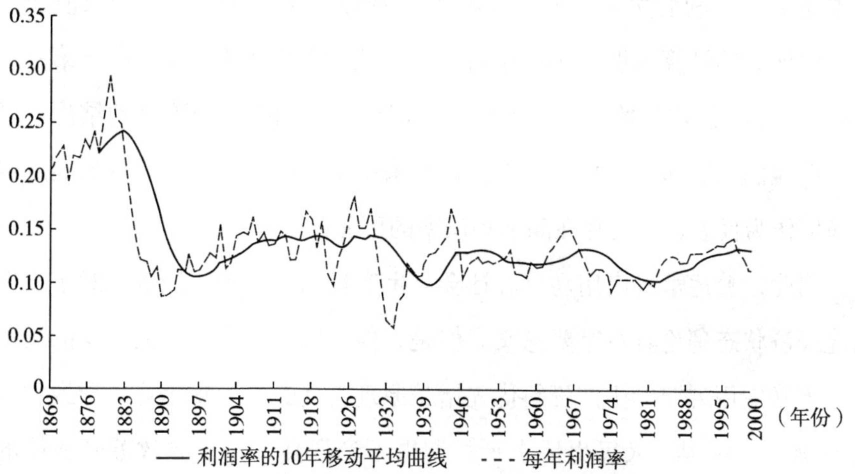

图1–3 1869—2000年美国私人部门利润率

通过测算，他们发现两个有趣的现象：第一，从19世纪六七十年代到2000年，美国的利润率经历了四次长波，第一次是从19世纪中期到19世纪末20世纪初，第二次是从20世纪初到30年代，第三次是从20世纪40年代到70年代，第四次是从20世纪80年代开始的。这四次长波有两次是比较完整的，它们从上升阶段到下降阶段，再到危机的时间大约是40年。将这四次长波与当时资本主义的一些具体制度特征联系起来，可以分别称为自由竞争资本主义长波、私人垄断资本主义长波、国家垄断资本主义长波和新自由主义长波。第二，利润率存在长期下降的趋势。如果我们比较第

① 李民骐、朱安东：《当前世界的基本状况与资本主义的历史趋势》，《高校理论战线》2005年第5期，第57页。

一个长波、第二个长波和第三个长波，可以看到利润率在这三次长波中逐步下降。

分析李民骐、朱安东的结论，首先，他们将利润率变化与资本主义具体制度特征联系起来，这种联系的机制有待进一步研究。其次，他们认为资本主义社会利润率从长期看存在下降趋势，这是针对前三个长波而言的，但他们的计算表明，第四个长波的平均利润率为12.7%，高于第三个长波的11.9%。这说明，从该计算中难以得出利润率趋向下降的结论。最后，在他们的利润率计算公式中，资本采用私人部门的全部非住宅固定资本净值作为代表，可能存在高估利润率的可能性。

因此，上述学者应用马克思社会再生产理论分析现实经济，对于我们构建经济状态理论具有重要意义。但是，他们的结论也都存在一定的局限性。苏联应用列宁的生产资料优先增长原理，优先发展重工业，导致农轻重比例严重失调，人民生活水平长期得不到提高，这是导致苏联解体的重要原因。同样，利润率趋向下降规律是马克思经济学的重要规律，但是，在现实生活中，存在着阻碍利润率下降的各种因素。因此，利润率下降只是趋势，现实经济中利润率呈现周期性波动，这是更加符合现实资本主义经济运动的状态，这也表明资本主义还具有相当强的活力和自我调整能力。

以上从三个方面分析了学者对于马克思社会再生产理论和西方经济增长理论的研究。正是在批判地继承前人研究的基础上，通过构建社会再生产平衡增长模型，得以构建经济状态理论。

第二章　社会再生产平衡增长模型构建

经济状态理论是在社会再生产平衡增长模型基础上得出的。经济平衡增长是国民经济的核心问题。马克思在《资本论》第二卷中，分析了简单再生产和扩大再生产两种类型下经济平衡增长的条件。本章在分析社会再生产平衡增长条件基础上，借鉴新古典增长模型，构建社会再生产平衡增长模型。

第一节　社会再生产平衡增长条件分析

再生产，即年复一年、反复不断进行的生产。它分为两个层次：单个企业再生产和社会再生产。马克思运用资本循环和周转理论对单个企业的再生产进行了分析，运用社会资本再生产理论对所有企业，也就是国民经济的运动规律进行了分析。马克思指出社会资本再生产研究的核心问题是社会总产品的实现问题。为研究实现问题，马克思提出社会再生产的两个基本原理：社会总产品按用途分为生产资料部类（第Ⅰ部类）和消费资料部类（第Ⅱ部类）；社会总产品按价值构成可以分为不变资本（c）、可变资本（v）和剩余价值（m）。随后，马克思按照先简单再生产、后扩大再生产的逻辑分析社会资本再生产的实现条件。

一、简单再生产

分析社会资本再生产必须从简单再生产开始，这是因为简单再生产是扩大再生产的现实要素和出发点。为了使扩大再生产能够顺利进行，先要达到原有的生产规模，然后以此为出发点，进行扩大再生产。可见，简单再生产是扩大再生产的组成部分，是扩大再生产所必经的阶段。同时，简单再生产是扩大再生产的物质基础。要扩大再生产，必须有一定数量的追加生产资料和生活资料。这些追加的物质要素，都是上一期生产出来的，是原来简单再生产结余和积累的结果。所以，扩大再生产所需要的物质资料只能由简单再生产提供，扩大再生产只能在简单再生产基础上进行。

（一）假设前提

马克思给出了研究社会资本简单再生产的前提条件：

第一，假定生产是简单再生产。这意味着商品生产按照不变的规模进行。

第二，假定产品按照价值交换。马克思指出，“如果价格同价值发生偏离，这种情况对社会资本的运动并不会有任何影响。虽然单个资本家这时分到的价值份额将不再和他们各自的预付额成比例，不再和他们每人各自生产的剩余价值量成比例，但总体来说，进行交换的仍然是同一产品量”。[①]

① 马克思：《资本论》（第二卷），人民出版社2004年版，第437页。

第三，假定生产资本组成部分不发生价值革命。马克思指出，如果价值革命普遍和均衡地发生，就不会改变全部年产品的价值组成部分之间的比例。如果是局部地和不均衡地发生，那么价值革命会成为干扰，但这种干扰只是改变不变资本和可变资本价值部分的相对量，不会对社会资本运动的基本原理产生影响。

（二）实现条件

马克思从以下等式出发研究社会再生产的实现条件：

Ⅰ　4000c+1000v+1000m=6000

Ⅱ　2000c+500v+500m=3000

在该等式中，马克思假定两大部类剩余价值率为100%；假定剩余价值全部用于个人消费；假定两大部类的资本有机构成都是4∶1；假定所用不变资本等于所费不变资本。

从该等式出发，马克思给出了社会总产品的三个基本实现条件。

第一个实现条件是：

$$\text{Ⅰ}(v+m)=\text{Ⅱ}c \tag{2-1}$$

公式（2-1）是社会资本简单再生产的基本实现条件。它体现了两大部类之间的内在联系。两大部类之间的交换要顺利进行，第Ⅰ部类的可变资本加上剩余价值，应等于第Ⅱ部类的不变资本。只有满足这个条件，社会总产品的各个组成部分才能顺利实现价值补偿和实物补偿。

第二个实现条件是：

$$\text{Ⅰ}(c+v+m)=\text{Ⅰ}c+\text{Ⅱ}c \tag{2-2}$$

公式（2-2）表明生产资料的生产同两大部类对生产资料的需要之间的关系。在简单再生产条件下，第Ⅰ部类生产的生产资料应同两大部类对生产资料的需要相等。

第三个实现条件是：

$$\text{Ⅱ}(c+v+m)=\text{Ⅰ}(v+m)+\text{Ⅱ}(v+m) \qquad (2\text{–}3)$$

公式（2–3）表明生活资料生产与两大部类工人和资本家的个人消费之间的关系。在简单再生产条件下，第Ⅱ部类生产的生活资料，应该同工人和资本家消费的生活资料相等。

因此，在简单再生产条件下，两大部类之间以及两大部类内部只有保持一定的比例关系，才能实现社会总产品，推动国民经济协调发展。

二、扩大再生产

资本主义生产的特征是扩大再生产。因此，要完整把握社会总产品的实现问题，必须分析社会资本扩大再生产条件下的运动规律。在扩大再生产条件下，假设剩余价值没有全部用于个人消费，而是有一部分用于追加投资，则：

$$m=\Delta c+\Delta v+m/x \qquad (x>1) \qquad (2\text{–}4)$$

其中，Δc表示追加不变资本；Δv表示追加可变资本；m/x表示剩余价值中用于资本家个人消费的部分。

假定产品按照价值进行交换，生产资本组成部分不发生价值革命，可以得出社会资本扩大再生产的三个基本实现条件。

第一个实现条件是：

$$\text{Ⅰ}(v+\Delta v+m/x)=\text{Ⅱ}(c+\Delta c) \qquad (2\text{–}5)$$

公式（2–5）表明，第Ⅰ部类原有的可变资本的价值，加上追加的可变资本的价值，加上资本家用于个人消费的剩余价值，必须等于第Ⅱ部类原有的不变资本加上追加的不变资本。

第二个实现条件是：

$$Ⅰ(c+v+m)=Ⅰc+Ⅰ\Delta c+Ⅱc+Ⅱ\Delta c \quad (2-6)$$

公式（2–6）表明，第Ⅰ部类全部产品的价值，必须等于两大部类原有的不变资本价值加上两大部类追加的不变资本价值。

第三个实现条件是：

$$Ⅱ(c+v+m)=Ⅰ(v+\Delta v+m/x)+Ⅱ(v+\Delta v+m/x) \quad (2-7)$$

公式（2–7）表明，第Ⅱ部类全部产品的价值必须等于两大部类原有的可变资本价值、加上两大部类追加的可变资本价值，再加上资本家用于个人消费的剩余价值。

因此，公式（2–5）、公式（2–6）、公式（2–7）给出了资本主义扩大再生产条件下的经济平衡条件。

三、实现条件

从公式（2–1）至公式（2–7）可以得出以下三点结论：

第一，投资和消费的比例关系是影响社会再生产能否顺利进行的核心条件。

从公式（2–1）可以看出，公式左边Ⅰ（v+m）在实物形态上表示生产的用于必要消费资料的生产资料，在价值形态上表示耗费的劳动力价值和剩余价值。公式右边Ⅱc在实物形态上表示生产的用于第Ⅰ部类工人和资本家的消费资料，在价值形态上表示耗费的不变资本价值。正是通过这两个部类之间的交换，第Ⅰ部类资本家生产的用于消费资料的生产资料得到实现，第Ⅱ部类用于购买生产资料的国民收入得以满足；同时，第Ⅱ部类生产的用于满足第Ⅰ部类工人和资本家消费的消费资料得以实现，第Ⅰ部类资本家和工人用于购买生活资料的国民收入得以满足。因此，两大部类的实现条件表明，投资和消费的比例是决定社会再生产能否顺利进行的基本条件。

第二，新增投资和新增消费的比例是影响社会扩大再生产能否顺利进行的重要条件。

从公式（2–5）可以看出，公式左边Ⅰ（v+Δv+m/x）中包含追加可变资本，因此，它在实物形态上用于第Ⅱ部类的原有生产资料生产和追加的生产资料生产，在价值形态上表示原先耗费的劳动力价值、追加的劳动力价值和剩余价值中用于消费的部分。公式右边Ⅱ（c+Δc）在实物形态上表示用于第Ⅰ部类的工人和资本家消费的原有消费资料生产和追加的消费资料生产，在价值形态上表示原有耗费的不变资本价值和追加耗费的不变资本价值。正是通过这两个部类之间的交换，第Ⅰ部类资本家原有和追加的用于消费资料的生产资料生产得到实现，第Ⅱ部类用于购买生产资料的原有不变资本价值和追加不变资本价值得以满足；同时，第Ⅱ部类用于满足第Ⅰ部类工人和资本家的原有消费资料和追加消费资料的生产得以实现，第Ⅰ部类资本家和工人用于购买原有生活资料和追加生活资料的国民收入得以满足。因此，两大部类的实现条件表明，新增投资和新增消费的比例构成是决定社会再生产能否顺利进行的基本条件。

第三，投资和消费的总和决定了社会再生产的规模。

将公式（2–2）和公式（2–3）相加，可得：

Ⅰ（c+v+m）+Ⅱ（c+v+m）=（Ⅰc+Ⅱc）+Ⅰ（v+m）+Ⅱ（v+m）（2–8）

公式（2–8）左边表示当年生产的社会总产品，公式右边Ⅰc+Ⅱc表示对生产资料的需求；Ⅰ（v+m）+Ⅱ（v+m）表示消费资料的需求，也就是等于国民收入。因此，简单再生产条件下，社会再生产要正常进行，就要求社会总供给等于社会总需求，也就是等于投资和消费之和。因此，投资和消费的总和决定了社会再生产的规模。

将公式（2–6）和公式（2–7）相加，得公式：

$$\text{Ⅰ}(c+v+m)+\text{Ⅱ}(c+v+m)=(\text{Ⅰ}c+\text{Ⅰ}\Delta c+\text{Ⅱ}c+\text{Ⅱ}\Delta c)+\text{Ⅰ}(v+\Delta v+m/x)+\text{Ⅱ}(v+\Delta v+m/x) \tag{2-9}$$

从公式（2–9）可以看出，公式左边表示扩大再生产条件下当年生产的社会总产品，公式右边的Ⅰc+ⅠΔc+Ⅱc+ⅡΔc表示投资。这里的投资分为两部分：一部分是两大部类的重置投资，也就是（Ⅰc+Ⅱc)；另一部分是两大部类的新增投资（ⅠΔc+ⅡΔc)。在简单再生产条件下，ⅠΔc+ⅡΔc=0。公式右边的Ⅰ（v+Δv+m/x）+Ⅱ（v+Δv+m/x）表示消费。这里的消费分为两部分：一部分是两大部类工人的原有收入Ⅰv+Ⅱv和追加收入ⅠΔv+ⅡΔv，这部分收入用于工人的消费；另一部分是资本家的收入Ⅰm/x+Ⅱm/x，这部分收入用于资本家的消费。

可见，扩大再生产条件下，社会再生产要正常进行，要求社会总供给等于社会总需求，也就是等于重置投资、新增投资、原有消费和追加消费之和。

因此，社会再生产要正常进行，就要求总量平衡和结构平衡。总量平衡，就是指社会总供给要等于社会总需求，也就是要等于投资和消费之和。结构平衡，就要求投资和消费的比例要合理。不仅原有投资和原有消费的比例要合理，新增投资和新增消费的比例也要合理。只有投资品和消费品的生产等于投资品和消费品的需求，社会再生产才能顺利进行。

第二节　社会再生产平衡增长模型构建

从第一节可知，马克思揭示了社会再生产的前提条件和实现条件。有必要把这些条件进一步抽象，建立社会再生产平衡增长模型。要指出的是，社会再生产平衡增长模型的构建虽然在分析工具上借鉴了西方经济增长理论，但两者得出的结论还是有较大差别的。

一、马克思模型中的平衡增长路径

所谓平衡增长路径，就是分析经济能否沿总量平衡和结构平衡的路径持续增长下去。这包括存在性问题和稳定性问题两个方面。存在性问题，就是探讨国民经济沿平衡增长的路径是否存在。稳定性问题，就是分析经济沿平衡增长的路径是否稳定。

（一）存在性问题

根据马克思在《资本论》（第二卷）中所举的例子，假定剩余价值率为100%，假定第Ⅰ部类原有的和追加的资本有机构成均为4∶1；第Ⅱ部类原有的和追加的资本有机构成均为2∶1。

假设第0年社会总产值为：

Ⅰ　4000c+1000v+1000m=6000

Ⅱ　1500c+750v+750m=3000

假定第Ⅰ部类的剩余价值1000有400用于追加不变资本，100用于追加可变资本，500用于资本家的个人消费，即：

$$1000m=400\Delta c+100\Delta v+500m$$

要满足两大部类扩大再生产实现条件，就要求第Ⅱ部类的剩余价值750也要进行合理分配：

$$750m=100\Delta c+50\Delta v+600m$$

则第0年结束时两大部类产品新组合为：

Ⅰ　$4000c+400\Delta c+1000v+100\Delta v+500m=6000$

Ⅱ　$1500c+100\Delta c+750v+50\Delta v+600m=3000$

则第1年结束时：

Ⅰ　$4400c+1100v+1100m=6600$

Ⅱ　$1600c+800v+800m=3200$

同理，再进行组合，然后扩大再生产，则第2年的社会总产品是：

Ⅰ　$4840c+1210v+1210m=7260$

Ⅱ　$1760c+880v+880m=3520$

第3年的社会总产品是：

Ⅰ　$5324c+1331v+1331m=7986$

Ⅱ　$1936c+968v+968m=3872$

第4年的社会总产品是：

Ⅰ　$5856c+1464v+1464m=8784$

Ⅱ　$2129c+1065v+1065m=4259$

第5年的社会总产品是：

Ⅰ　$6442c+1610v+1610m=9662$

Ⅱ　$2342c+1172v+1172m=4686$

这里，第1年社会总产值增长速度是8.9%，从第2年开始，社会总产值就按照10%的速度一直增长下去。因此，经济发展存在一条平衡增长的路径。

从该例子可以看出，当假定原有资本有机构成和追加资本有机构成相等，即$n_{追} = n_{原}$，原有剩余价值率和追加剩余价值率相等，即$m'_{追} = m'_{原}$，积累率不变，则经济将沿着$w' = u' = b$的途径保持均衡增长。这里，w'表示社会总产值增速，u'表示剩余价值增速，b表示可变资本增速。

（二）稳定性问题

在马克思看来，资本主义经济发展是不稳定的。这种不稳定根源于资本主义社会的基本矛盾。资本主义社会的基本矛盾是资本主义生产社会化和生产资料私人占有之间的矛盾。随着资本积累的不断进行，财富在资产阶级一方积累，贫困在无产阶级一方积累，劳资双方的矛盾越来越突出，工人阶级所受的压迫、剥削越来越深，工人阶级就会奋起反击，通过无产阶级革命推翻资产阶级的统治，从而建立社会主义社会，并最终建立共产主义社会。

可见，虽然资本主义社会存在经济平衡增长的路径，但资本主义经济不可能实现平衡增长。随着资本主义社会的发展，资本主义基本矛盾的不断加深，资本主义经济越来越偏离经济平衡增长路径，并最终导致整个经济的崩溃。

二、平衡增长模型构建

马克思的例子说明，经济增长存在平衡增长路径，但这条路径是不稳定的。这里，本书进一步将该思想模型化，从而构建平衡增长模型。

（一）存在性问题

假设：①全社会生产一种产品，该种产品既可以用于投资也可以用于消费。②资本积累函数为S=sY，s表示积累率[①]，s为常数，且0<s<1；Y为国民收入。③不存在技术进步，且所用不变资本等于所费不变资本。④生产的规模报酬不变。⑤可变资本按照一个不变的比率b增长。

假设总量生产函数为Y=F（C，V），这里，C代表所用总不变资本，V代表总可变资本。根据生产规模报酬不变的假设，有：

$$\lambda Y=F(\lambda C,\ \lambda V)$$

令λ=1/V，则可以得到Y/V=F（C/V，V/V）

令：

$$f(n)=F(C/V,\ 1) \tag{2-10}$$

则：

$$y=f(n)$$

其中，y表示按可变资本计算的平均产量；n表示资本有机构成。

根据定义有：国民收入=消费+投资

因此，

$$Y=X+I \tag{2-11}$$

① 在政治经济学中，对于积累率有不同的定义。第一种认为积累率s=Δc/m，即积累率等于追加的不变资本与剩余价值之比。第二种认为积累率s=Δc/Y，即积累率等于追加的不变资本与国民收入之比。第三种认为积累率s=Δc/W，即积累率等于追加的不变资本与社会总产值之比。第四种认为积累率s=（Δc+Δv）/m。本书采用第二种定义，即积累率s=Δc/Y。与之相适应，消费率t=1–s。之所以采用第二种定义，有三点考虑：一是便于与新古典增长模型进行比较。平衡增长模型是在借鉴新古典增长模型基础上推导出来的。新古典增长模型中的资本积累函数，其积累率就是与国民收入（政治经济学和西方经济学对国民收入的界定有一定差别）进行比较的。所以，采用第二种定义，便于比较。二是便于应用。推导结果表明，平衡增长模型的推导结果与新古典增长模型的推导结果高度相似。如果采用其他定义，虽然可以得出类似推导结果，但由其他定义出发得出的应用结果与采用SNA体系分析得出的应用结果相去甚远。采用第二种定义来分析国民经济问题，所得出的结果与采用SNA体系分析所得出的结果具有一定的可比性。三是理论上说，要采用MPS体系（物质产品平衡表体系）的数据来分析国民经济问题，但MPS体系的数据难以查到，故现在普遍采用SNA体系（国民经济核算体系）的各种指标来定量分析宏观经济问题。因此，采用第二种定义，就可以利用SNA体系的各种指标来近似替代MPS体系的各种指标，这就为平衡增长模型的现实应用提供了极大便利。后文在应用研究中，就大量采用国民经济核算体系的各种指标来分析现实经济问题。

其中，X表示消费，I表示投资。

两边都除以可变资本V，可得：

$$Y/V=X/V+I/V \quad (2-12)$$

该公式表明按照可变资本计算的国民收入、消费和投资之间的关系。

从公式（2–12）可得：

$$f[n(t)]=X(t)/V(t)+I(t)/V(t) \quad (2-13)$$

将资本有机构成对时间求导，可得：

$$dn/dt=1/V^2*(V*dC/dt-C*dV/dt)$$

令 $dn/dt=\bar{n}$，则：$\bar{n}=\bar{C}/V-bn$

其中，字母上面有上画线的，表示对该变量时间的导数。$b=\bar{V}/V$，表示可变资本增长率。

则：

$$\bar{C}/V=\bar{n}+bn \quad (2-14)$$

由 $\bar{C}=I$，可得 $\bar{C}/V=I/V$，代入公式（2–14），可得：

$$I/V=\bar{n}+bn \quad (2-15)$$

将公式（2–15）代入公式（2–13），可得：

$$f(n)=X/V+\bar{n}+bn$$

即：

$$Y/V-X/V=\bar{n}+bn$$

当积累全部转化为投资时，经济才能保持平衡增长。因此，

可得：

$$sf(n)=\bar{n}+bn \quad (2-16)$$

因此，公式（2–16）是平衡增长模型的基本公式。从该公式可知，资本

积累要分为两个部分：一部分用于提高每单位可变资本所使用的不变资本，即为每个工人配备更多的不变资本，这是用来提高劳动生产率的，可以称为内涵扩大再生产；另一部分资本是为新增的可变资本配备每个可变资本应得的不变资本，这是用来扩大生产规模的，可以称为外延扩大再生产。

由该方程出发，可以讨论经济的均衡增长路径。

如图2–1所示，假设f（n）表示按可变资本计算的平均生产函数，sf（n）表示按可变资本计算的平均积累量。图中AE代表按可变资本计算的平均消费量，EM表示按可变资本计算的平均积累量。当n保持不变时，$\bar{n}=0$，这意味着资本有机构成不变。与此相适应，y也保持自己的水平。因为y=Y/V，当可变资本按照b的速度增长时，y不变，这意味着产量Y也按照b的比率增长。因此，当n保持不变时，经济处于E点，国民收入增长率等于可变资本的增长率。

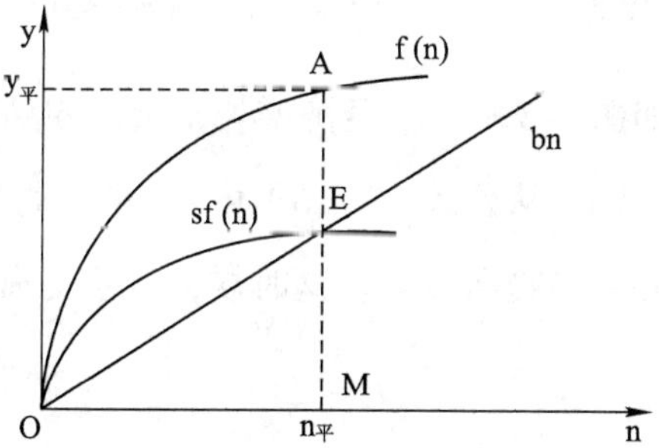

图2–1 平衡增长模型

（二）稳定性问题

sf（n）形状决定经济增长是否稳定。这分为三种类型：

第一种类型：如图2–1所示，经济增长最终会趋向稳定。因为当经济处于E点左边时，$n<n_{平}$，sf（n）>bn，从公式（2–16）可知，$\bar{n}>0$。这时候，资本有机构成会不断增大，直到经济处于E点；反之，当经济处于E点右边时，$n>n_{平}$，sf（n）<bn，从公式（2–16）可知，$\bar{n}<0$。这时候，资本有机构成会不断变小，直到经济处于E点。

第二种类型：如图2–2所示，经济增长不会趋向稳定。当经济处于E点时，sf（n）<<bn，从公式（2–16）可知，$\bar{n}>>0$。这时候，资本有机构成会不断增大，导致sf（n）与bn的差距越来越大。这时候，经济是离散的，经济处于不稳定状态。

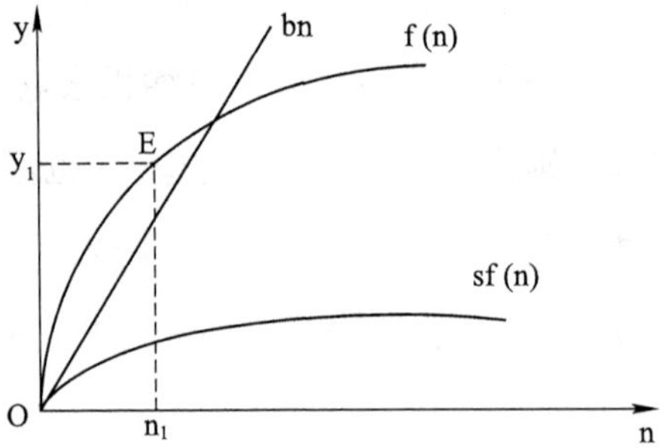

图 2–2　第一类非平衡增长 sf（n）<<bn

第三种类型：如图2–3所示，经济增长不会趋向稳定。因为当经济处于E点时，sf（n）>>bn，从公式（2–16）可知，$\bar{n}<<0$。这时候，资本有机构成会不断减少，并最终趋向原点。这时候，经济是离散的，经济处于不稳定状态。

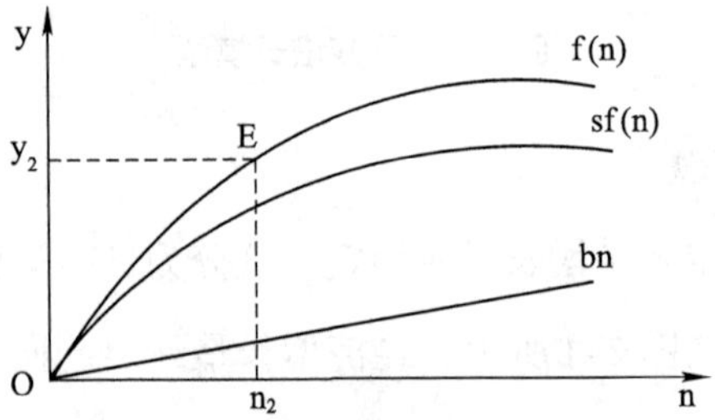

图 2–3　第二类非平衡增长 sf（n）>>bn

因此，经济是否稳定，取决于sf（n）与bn的形状。经济有可能最终稳定增长，也有可能离散，趋向不稳定增长。

第三节 平衡增长模型与西方经济增长模型的比较分析

平衡增长模型的构建在一定程度上吸收借鉴了西方新古典经济增长模型的研究成果。但从根本上说，平衡增长模型是在继承马克思的社会再生产理论基础上构建的，是对马克思社会再生产理论的拓展。它与西方经济学的经济增长模型存在如下不同。

一、对生产函数理解不同

生产函数是新古典学派分析生产问题的有力工具。最早指出生产函数存在逻辑问题的是罗宾逊夫人。她指出生产函数中资本的性质含糊不清，尤其是回避资本的度量单位问题。她认为，不能单独依据资本未来的收益去估价资本，因为要这样做，就必须事先知道资本。然而，生产函数的主要目的却在于证明，“技术状态和生产因素比率是怎样决定工资和利率（把后者看作资本的工资）的”。[①]因此，如果采用生产函数分析生产问题，却又依据利率来估价资本，就会导致资本和利率互相决定，从而陷入自相矛盾的境地。

生产函数理论之所以无法解决资本的度量问题，是因为该理论建立在两个前提条件之上：

第一，资本具有生产力。正是由于资本具有生产力，故资本和劳动作

① 罗宾逊：《生产函数与资本理论》，《经济学论文集》，商务印书馆1984年版，第86页。

为投入品才共同创造价值。从马克思经济学角度来讲，资本不具有生产力。马克思将生产过程理解为劳动过程和价值增殖过程的统一。生产函数理论中的资本在生产中所起的作用，相当于马克思经济学中的生产资料，生产资料在价值增殖过程中不创造价值，它只起转移价值的作用，只有劳动才是价值增殖的唯一源泉。因此，资本从本质上不具有生产性。资本表现有生产性，是因为在资本主义社会中，生产资料被资本家占有，随着资本主义生产的发展，劳动从形式上隶属于资本到实质上隶属于资本，逐渐丧失了独立性，劳动者只有靠出卖自己的劳动才能维持生存。如果没有资本雇佣劳动，则劳动者不能生存。因此，不仅劳动具有生产力，而且以生产资料形式表现的资本也具有生产力。资本具有生产力掩盖了“劳动是价值创造的唯一源泉”这个本质，是对本质的歪曲反映。

第二，生产函数的存在是为了推导厂商在满足边际技术替代率等于要素价格比率这个条件下，能够实现既定产量条件下的成本最小化，或既定成本条件下的产量最大化。这是以资本和劳动的完全可替代为前提。实际上，这两者之间不可能完全替代。在现代生产中，由于受技术条件的制约，厂商所使用的生产资料的数量往往是由生产规模决定的。一旦生产规模确定，则所投入的生产资料的数量就只能在一个有限的范围波动。虽然可以通过增减劳动力、提高劳动力素质等手段在一定程度上替代生产资料的投入量，但总的来看，这种替代是有限的。生产函数假定生产资料和劳动量之间存在完全的可替代性，从而得到既定约束条件下的最大化利润，这从现实看是无法实现的。

正是由于资本不具有生产性，无法确定资本的衡量单位，生产资料和劳动之间不存在完全的可替代性，故新古典生产函数在逻辑上是不成立的。由于资本的性质不明，无法得出资本边际收益，故新古典增长模型提出资本边际收益递减的假设前提也是难以成立的。

虽然新古典生产函数不成立，但不否认存在生产函数。在推导马克思平衡增长模型时，也采用了生产函数的概念。这里的生产函数，表明资本和年价值产品的关系，没有也不能利用利率来估价资本。在度量方面，马克思生产函数中的c表示不变资本，而不是资本。资本是由不变资本（c）和可变资本（v）之和来表示的。这是马克思主义生产函数与西方新古典生产函数的区别。

二、对人口在经济增长中所起作用理解不同

新古典生产函数认为国民收入增长率等于劳动力增长率。这是将经济增长的希望放在人口增长上。人口增长越快，经济增长速度就越快；人口增长越慢，经济增长速度就越慢。这与经济增长的事实明显不符。全球人口增速与GDP增速关系如图2–4所示。

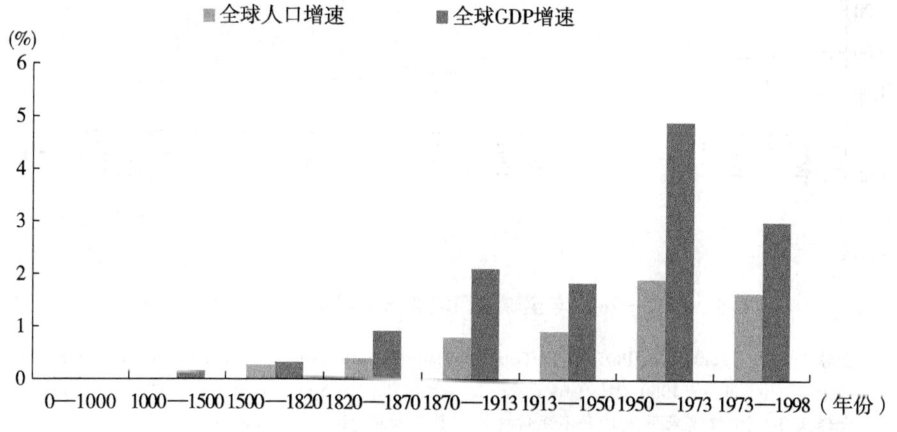

图 2–4　全球人口增速与全球 GDP 增速关系[①]

---

① 安格斯·麦迪森：《世界经济千年史》，北京大学出版社2003年版，第239、260页。

从图2-4中可以看出，工业革命前，由于经济增长缓慢，全球财富无法养活众多人口，故此，资本主义社会以前人口增长缓慢。工业革命后，全球经济快速增长，全球财富大量增加，能够养活更多的人口，从而推动人口更多增长。这里的逻辑是，全球经济增长决定全球人口增长。正是由于全球经济增长，全球才有更多的财富养活更多的人口，人口增多后，转变为可变资本，从而进一步推动经济发展。因此，经济增长带来人口增长。

就短期而言，经济波动与人口增速关系很小。全球人口变化与实际GDP变化关系如图2-5所示。

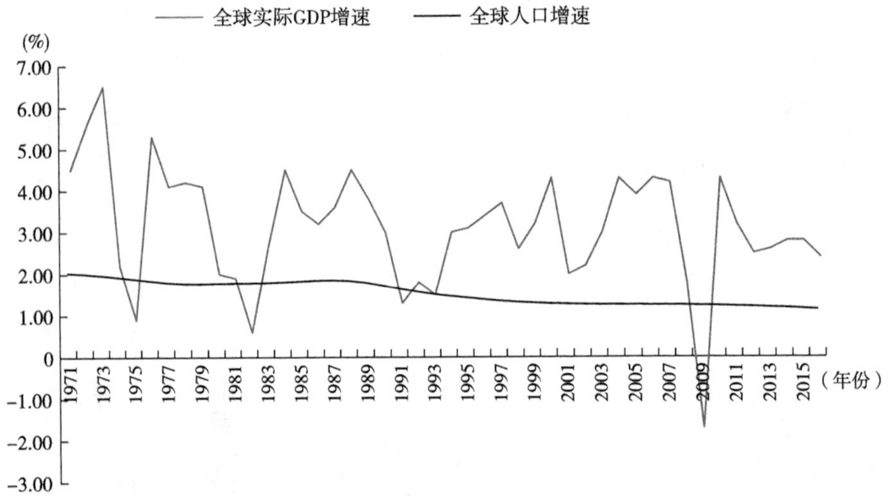

图2-5　1971—2015年全球人口增速与全球实际GDP增速关系

全球人口资料来源：File POP/1-1：Total population（both sexes combined）by region，subregion and country，annually for 1950-2100（thousands），World Population Prospects：The 2017 Revision。

全球实际GDP增速采用2010年不变价计算。资料来源：https：//unstats.un.org。

由图2-5可知，1971—1988年，全球人口增长率先是小幅下降，然后，又有所回升，平均年增长率为1.85%。从1989年起，全球人口增长率呈现缓慢下降趋势，1989—2016年平均增长率为1.34%。1971—1988年，全球GDP实际增速平均为3.55%。1989—2016年，全球GDP增速为2.83%。因此，从图2-5可以看出，全球经济增速与全球人口增长率的相关性不高。

假设GDP增速为因变量，人口增长率RK为自变量，采用最小二乘法进行估计，结果如表2-1所示。

$$\text{GDP增速}=0.01+1.22RK$$

表2-1　采用Eviews软件的模型回归结果

Variable	Coefficient	Std. Error	t-Statistic	Prob.
C	0.012336	0.011198	1.101650	0.2766
RK	1.221953	0.715689	1.707380	0.0948
R-squared	0.062137	Mean dependent var		0.031130
Adjusted R-squared	0.040821	S.D. dependent var		0.014239
S.E. of regression	0.013945	Akaike info criterion		-5.664891
Sum squared resid	0.008556	Schwarz criterion		-5.585385
Log likelihood	132.2925	Hannan-Quinn criter.		-5.635108
F-statistic	2.915145	Durbin-Watson stat		1.544663
Prob（F-statistic）	0.094800			

这里，拟合系数接近于0，t统计量概率值为0.09。这表明，用全球人口增长率来预测全球经济增速拟合效果并不是很好，因此，难以用全球人口增速解释短期经济波动。

不论是长期还是短期，经济增长决定人口增长，人口增长对经济增长起反作用。新古典增长理论将经济增长寄托在人口增长上。这与当今世界各国的经济发展事实不相吻合。改革开放以来，我国经济增速超过人口增速，这说明难以用人口增速解释我国经济奇迹。

三、经济增长的根本原因在于可变资本增长

新古典生产函数认为，资本、劳动、技术、制度等各种因素共同决定经济增长。这种经济增长的“多要素论”是建立在“三位一体”公式基础上的。马克思指出，“三位一体”公式的错误有两点：第一，误解价值源泉。“三位一体”公式认为资本、劳动和土地共同创造价值，实际上，只有劳动才创造价值，资本和土地不创造价值，只是转移价值。第二，误解了价值分配。“三位一体”公式认为利润、工资和地租来自不同的源泉，实际上，利润、地租和工资等收入都来源于雇佣工人劳动创造的新价值。工资相当于劳动力价值的部分，其余部分属于剩余价值，被资本家和土地所有者无偿占有。

从根本上说，决定经济增长的根本因素是可变资本增长率。在生产过程中，不变资本只是转移价值，而不创造价值。这决定了不变资本不能成为经济波动的决定因素。商品价值是由劳动力创造的，劳动者创造价值的速度决定了经济增长速度。劳动者的劳动时间分为必要劳动时间和剩余劳动时间。劳动者只有用必要劳动时间创造劳动力价值的等价物后，剩余劳动时间才能为资本家创造剩余价值，剩余价值可以理解为可变资本的余值。因此，决定经济波动的根本因素是可变资本。从平衡增长模型也可以看出，可变资本增长率b的大小决定了经济平衡增长速度。

可变资本在现实中表现为工人的工资和就业。因此，从工人的工资和就业就可以预测经济的波动情况。一般说来，当就业量增加、工资增加时，经济处于上行阶段；反之，当就业量下降、工资减少时，经济处于下行阶段。就业以及与之相联系的工资总量是决定经济增长的首要因素。

四、经济增长是平衡和不平衡增长的对立统一体

哈罗德模型认为，经济增长是不稳定的。从现实看，经济也确实存在不稳定之处。如1929—1933年的经济大萧条，资本主义经济已经到了崩溃的边缘。同时，经济增长也有稳定的一面。以美国为例，1971—2016年，美国经济平均增速为2.8%，增长最快的要属1984年，增速达到7.3%，增速最慢的是2009年，增速为-2.8%。[①]从数据可以看出，美国经济增长总体是稳定的。

可见，不论是哈罗德模型还是索洛新古典增长模型，都只强调了经济增长的一面。从辩证法的角度来看，经济增长是平衡增长和不平衡增长的统一体。经济在某些条件下处于平衡状态，在另一些条件下可能处于不平衡状态。平衡是相对的、短暂的，不平衡是绝对的、长期的。任何经济都是从不平衡走向平衡，在经历短暂的平衡后又趋向不平衡的循环往复过程。

第四节 经济平衡增长影响因素

经济作为一个复杂的有机体，影响经济增长的因素是多元的。可以将影响因素分为两种类型：一种是内在因素。当这些因素发生变化时，经济平衡增长的路径和稳定性就会发生变化。从公式（2-16）可知，积累率、资本有机构成和可变资本增长率是决定经济平衡增长的内在因素。另一种是外在因素。这些外在因素通过作用于三个内在因素，从而影响经济平衡增长。

① 数据来源：Economic Report of the President 2018，P532。

一、生产领域

生产领域的各种因素是导致经济平衡增长发生变化的基础因素。生产领域的影响因素主要是折旧率和技术进步。

（一）折旧率

在《资本论》（第2卷）中，马克思指出固定资本的实物补偿和价值补偿是影响社会再生产能否正常进行的重要因素。马克思将第Ⅱ部类资本家分为两类：Ⅱc（1）和Ⅱc（2）。Ⅱc（1）是指当年用实物补偿固定资本的那部分资本家；Ⅱc（2）是以货币形式贮存固定资本损耗价值的那部分资本家，当Ⅱc（1）=Ⅱc（2）时，社会再生产能够正常进行。反之，当Ⅱc（1）>Ⅱc（2）时，意味着货币过多，商品不足；当Ⅱc（1）<Ⅱc（2）时，意味着货币不足，商品多余。在这两种条件下，社会再生产都不能正常进行，经济就会发生波动。正是由于折旧问题没有处理好，所以，“尽管是规模不变的再生产，但危机——生产危机——还是会发生”。①

因此，折旧是影响经济平衡增长的重要因素。当其他条件不变时，提高折旧率，意味着要有更多的新增投资转移到不变资本中去，这会提高资本有机构成，从而降低经济增长速度。降低折旧率，意味着转移到不变资本价值中的部分会减少，这会降低资本有机构成，从而提高经济增长速度。

（二）技术进步

在考虑技术进步的新古典增长模型中，经济保持稳态增长时，经济增速等于人口增长率和技术进步率。可见，新古典增长模型是将技术进步作为单独因素提取出来，成为影响经济增长的内生因素。这里的问题是：

---

① 马克思：《资本论》（第2卷），人民出版社2004年版，第524页。

第一，如何衡量技术进步？西方经济学一般用全要素生产率衡量技术进步。全要素生产率是指各种要素投入水平既定情况下所达到的额外生产效率。全要素生产率建立在新古典生产函数基础上，正如前面指出的，西方新古典生产函数中的资本性质不明。同时，全要素生产率不等于技术进步率。全要素生产率反映的是技术进步、组织管理、制度因素等无形要素在经济增长中的作用，技术进步只是无形要素中的一种。因此，全要素生产率既可以代表技术进步率，也可以代表制度变迁所导致的经济增长效率，因此，将技术进步作为代表经济增长贡献的余值会高估技术进步的贡献。

第二，技术进步是否是中性的？在新古典生产函数中，y=AF（K，L）。A代表技术进步，K代表资本，L代表劳动，资本、技术和劳动三者的共同作用推动了经济发展。技术进步既有利于资本，也有利于劳动，因此，技术进步是中性的。

这是从生产力的角度理解技术进步。如果仅从生产力的角度来看，技术进步既对资本家有利，也对工人有利。在资本主义社会早期，资本家主要依靠延长劳动时间和提高劳动强度追求绝对剩余价值，因此，早期工人的劳动时间是非常长的。《资本论》中曾经列举大量的例证说明这种情况，如“一个7岁的孩子竟劳动15个小时”。[①]这种依靠延长劳动时间获取剩余价值的方法遭到无产阶级的反抗。在此情况下，资本家主要依靠提高技术进步，从而在总劳动时间不变的情况下，通过缩短必要劳动时间来生产相对剩余价值。资本主义社会先后发生了第一次工业革命、第二次工业革命和第三次工业革命，这三次工业革命极大地推动了生产力的发展，也导致工人的劳动时间大大缩短。目前，在发达资本主义国家，普遍实行8小时

① 马克思：《资本论》（第1卷），人民出版社2004年版，第283页。

工作制，一周劳动40小时。因此，从生产力的属性来看，技术进步不仅对资本家有利，也对工人有利，越是先进的技术，就越有利于将工人从繁重的体力和脑力劳动中解放出来，推动生产力的发展。

对于政治经济学而言，技术进步不是中性的。资本家之所以推动技术进步，目的是获得超额剩余价值。个别资本家为追求超额剩余价值，推动技术进步，进而带来全社会技术进步和社会生产力的发展。技术进步是资本家追求超额剩余价值的手段，其目的在于获得更多的剩余价值，提高资本的收益率。当技术进步不能为资本家带来超额剩余价值时，资本家不但不会追求技术进步，还会阻止技术进步。因此，技术进步本身不是中性的，而是为资产阶级获取尽可能多的剩余价值服务的。

第三，技术进步能否单独作为一项因素提取出来纳入平衡增长模型？这里，必须要将社会总产品的生产和流通区分开来。技术进步属于生产领域的范畴，而不是流通领域的范畴。平衡增长问题本质是流通问题，是买卖问题。对于流通而言，生产只是流通的前提，因此，新古典生产模型将技术进步纳入稳态条件，这是将社会总资本的生产和社会总资本的流通混淆在一起。生产问题解决的是财富的生产问题，流通问题解决的是财富的实现问题。在市场经济条件下，如果流通问题没有解决，则大量生产出来的财富无法实现，这就造成生产领域的危机，如生产过剩，等等。将技术进步纳入流通问题，等于将生产问题和流通问题混淆在一起，从而将市场问题和生产问题相混淆。

因此，技术进步不能作为单独的因素提取出来，成为决定经济平衡增长的要素。技术进步是通过影响资本有机构成来影响经济平衡增长的。技术进步提高，资本有机构成发生变化，进而导致经济增速发生变化。技术进步不是经济平衡增长的内生因素，而是影响经济平衡增长的外生因素。

二、流通领域

流通领域的变化首先表现为货币流通量的变化。货币流通量的变化导致货币供求关系的变化，这会导致价格和价值关系的波动。在马克思所处的时代，货币流通量的变化主要表现为金属货币流通量的变化。现代经济条件下，货币供给由国家调控，国家可以通过增加或者减少基础货币供给量造成价格和价值的波动。这种波动导致不变资本有名义不变资本、实际不变资本之分，可变资本有名义可变资本和实际可变资本之分，剩余价值有名义剩余价值和实际剩余价值之分。与之相适应，经济增长速度有名义增长速度和实际增长速度之分。因此，货币供给量的变化对于经济增长是个扰动因素，这会造成人们的错觉，以为价格的变动来自实体层面的波动，从而引起人们增加或者减少生产，进而造成经济波动。

流通领域的变化还表现为资本周转速度的变化。资本周转速度加快，就会提高年剩余价值量，使资本获得更多的利润，提高经济增长速度。反之，如果资本周转速度降低，就会减少年剩余价值量，从而降低经济增长速度。

三、分配领域

分配领域的影响因素主要有三项：一是资本家和工人之间的收入分配。两者之间的分配保持同比例增长时，经济能保持平衡增长；反之，如果两者之间的分配比例不均衡，就会影响经济增长。二是资本家之间的分配。这主要表现为生息资本家和产业资本家之间围绕剩余价值展开的分配。产业资本家和生息资本家之间的分配保持同比例增长时，资本家之间的分配是均衡的；反之，如果两者的分配比例不一致，就会影响经济均衡增长。三是资本家和地主之间的分配。这主要表现为资本家和土地所有者围绕剩余价值展开的分配。当资本家所获得的利润和土地所有者所获得的地租保持同比例增长时，两者之间的分配是均衡的；反之，如果两者的分配比例不一致，就会影响经济均衡增长。

四、制度领域

不同国家有着不同的增长路径。不同增长路径背后反映的是不同的制度因素，这是影响经济平衡增长的深层次因素。制度因素作用于这些外在因素，进而通过外在因素的变化导致经济内在因素变化，最终导致经济平衡增长因素发生变化。

可以将经济平衡增长的影响因素汇总如下：

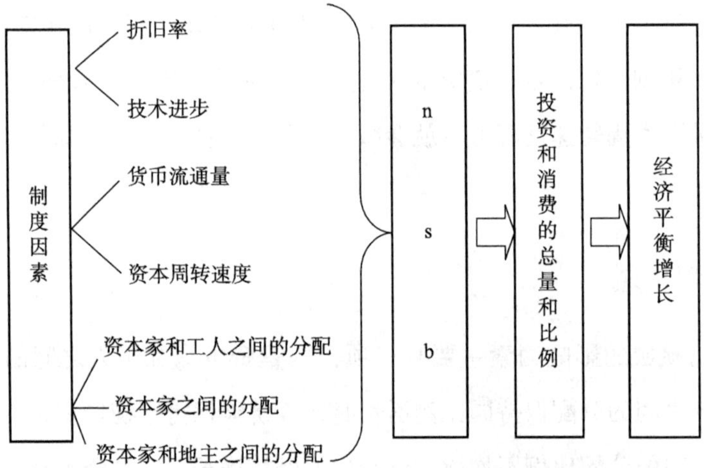

图 2–6　经济平衡增长影响因素

图2–6表示，直接决定投资和消费比例的因素是n、s、b，同时，这三个要素又受到折旧率、技术进步、资本周转速度、货币流通量、v和m的分配、m在资本家之间的分配、m在资本家和地主之间的分配这七个要素

的影响，影响这七个要素的是制度因素。这些因素相互作用。一方面，七个因素的量的变化会导致投资和消费的总量和比例发生变化，从而导致生产力发展水平不断变化，生产力发展水平的变化决定了制度的变化方向；另一方面，制度因素的变化也会导致七个因素发生变化，进而导致投资和消费发生变化，从而影响生产力的发展。因此，正是生产力和生产关系的相互作用，共同构成经济平衡增长的传导路径。

第三章　经济状态理论构建

从辩证法的角度来看，经济平衡是相对的，经济不平衡是绝对的。经济平衡状态和非平衡状态共同构成了经济状态。

第一节　构建意义

考察经济运行，可以从时空两个角度展开。长期以来，西方宏观经济学主要从时间的角度对经济运动展开考察。本节在评述经济周期理论的基础上，从空间角度切入，对经济运动状态进行分析。

一、经济周期理论评述

工业革命以来的经济发展历史表明，经济总是在波动中前进。这种波动表明了经济运动的周期性。在《资本论》中，马克思是以四个阶段说明经济周期波动的。他指出："在周期性的危机中，营业要依次通过松弛、中等活跃、急剧上升和危机这几个时期。"[①]对于这四个阶段，马克思重点

① 马克思：《资本论》（第2卷），人民出版社2004年版，第207页。

研究经济危机，他指出，“危机总是大规模投资的起点。因此，就整个社会考察，危机又或多或少地是下一个周转周期的新的物质基础”。[①]

西方经济学关于经济周期理论，主要有以下几种观点。

（一）乘数—加速数理论评述

哈罗德首先提出了乘数—加速数原理，随后，萨缪尔森对其进行了更数学化的阐述。这种原理的核心思想是，投资增加导致收入增加，这就是投资的乘数效应；收入增加后，导致有更多的资本用来投资，从而导致收入进一步增加，这就是投资的加速数效应。反过来，当投资减少时，收入减少，收入减少会导致投资减少，从而导致收入进一步减少。因此，投资与收入的变动导致经济周期。

乘数—加速数原理为政府干预经济提供了理论基础。当经济不景气时，可以通过政府投资增加收入，刺激经济增长；经济过热时，可以通过减少政府投资来减少收入，从而降低经济过热，促进经济平稳增长。

乘数—加速数理论从投资—收入角度研究经济波动，揭示了投资对于经济发展的重要作用，但该理论忽略了消费对于经济发展的作用。过分重视投资，而没有考虑消费，会导致投资和消费的比例失衡，从而导致经济波动。投资增加，意味着要采用新的生产技术、新的技术装备，这会使追加资本有机构成提高，从而可能导致资本家的利润比劳动者收入增长更快，劳资分配更加不均衡，使工人阶级的消费能力相对甚至是绝对减弱，生产的产品无法实现，从而导致经济增长率下降。

（二）货币经济周期理论评述

第二次世界大战后，西方国家由于长期推行凯恩斯主义需求管理政策导致出现滞涨现象，这动摇了凯恩斯主义理论的统治地位。以弗里德曼为

① 马克思：《资本论》（第2卷），人民出版社2004年版，第207页。

代表的货币主义者提出货币经济周期理论。该理论认为，自由竞争使整个经济处于充分就业的均衡状态，经济只有在受到外界干扰时才会偏离均衡状态。就业率偏离自然率的幅度取决于实际通货膨胀率和预期通货膨胀率之间的差距。如果实际通货膨胀率高于预期通货膨胀率，则实际就业率大于自然就业率，整个经济就处于过热状态。这种情况只是暂时的，人们会发现，在长期中，由于所有商品都涨价，故实际价格并没有上升，实际工资并没有改变，于是，人们就会回到原来的状态，生产便会恢复到原来的水平。反之，如果实际通货膨胀率低于预期通货膨胀率，实际就业率小于自然就业率，整个经济就处于偏冷状态。这种情况只是暂时的，人们会发现，在长期中，由于所有商品都降价，故实际价格并没有下降，实际工资并没有改变，于是，人们就会回到原来的状态，生产便会恢复到原来的水平。因此，实际值和预期值的差额导致经济波动，由于人们的预期是理性的，经济最终还是会回到平衡状态。

根据上述观点，该理论得出宏观经济政策无效性的结论。因为要想使政策取得效果，就必须使实际值和预期值之间发生差距，也就是要求政策具有“欺骗”性质，政策才是有效的。但根据理性预期理论，人们对未来的预期是相当准确或者逐渐接近准确的，从长期看不可能受到欺骗。因此，政策是无效的。

分析货币经济周期理论的观点，可以发现有几点值得商榷：一是将经济周期波动建立在实际值和预测值之间的差额造成的波动，这实际上是将经济周期波动建立在主观预期上。虽然我们不否认预期在经济运行中的作用，但将经济运行建立在主观因素基础上否定了经济规律的客观性。经济之所以出现问题，是因为客观出现问题，才导致主观信心出现问题，要解决主观信心问题，最主要的是要解决客观出现的问题。否则，一味强调预期的作用，甚至为满足引导预期而采取不切实际的措施，就会导致经济政策出现偏差。二是将货币作为引起经济周期波动的首要因素。该理论认为，货币发行导致的通货膨胀率的实际值和预期值的差额引起经济周期波动。这就过分抬高了货币和货币政策的作用。马克思指出，货币是交换过程的产物，是充当一般等价物的特殊商品。要产生货币，首先要有生产，是生产决定交换，而不是交换决定生产。因此，经济周期的首要波动因素是货币，就是只有交换才是经济发展的首要因素，这是违背马克思政治经济学基本原理的。三是否认政府的宏观调控。货币经济周期理论的基础是理性预期理论。由于人们从长期看是理性人，因此，只需要依靠市场中的理性人的自我调节，就可以实现经济的正常运转。这就否认了政府的作用，这是新自由主义思想在宏观领域的表现。但是，西方1929—1933年爆发的经济大萧条已经证明，市场不是万能的，离开政府的宏观调控，经济没有办法良性运转。

（三）实际经济周期理论评述

实际经济周期理论认为，引起经济波动的首要因素不是货币，而是实际因素。这些实际因素包括科技进步的变化、消费者偏好的改变以及其他意外变化等。在这些实际因素中，最重要的冲击来自技术变动。技术变动导致两个时期的相对工资发生改变，从而发生劳动供给的跨时期替代，不同时期劳动量的变化引起经济波动。从实际经济周期理论出发，可以得出政府干预经济的短期目标是无效的，只有制定长期政策目标且严格遵守，才能获得信任。之所以政府制定的短期目标是无效的，是因为存在时间一致性问题。所谓时间一致性问题，是指政府在t期根据最优化原则制定政策，而政策在执行时已经是t+n期，这就导致t期制定的最优政策在t+n期已经不是最优政策，所以，政府短期制定的目标是无效的。

与货币经济周期理论相比，实际经济周期理论将经济波动的原因从货币因素转向实际因素，这是其可取之处。从流通转向生产，才能探寻经济波动的根本原因。实际经济周期理论虽然认为政府的长期规划有效，但仍然认为政府的短期宏观调控政策是无效的，这实际上还是否定了政府的宏观调控作用。认为政府在t期做决策时完全不考虑t+n期的政策目标，这是对政府决策的误解。政府进行宏观调控必然具有前瞻性和延续性。这里，本书不否认政府决策可能存在失误，这种决策失误来自政府对经济形势、经济发展所面临的机遇和挑战分析不足，来自政府决策所使用的思路、方法和工具不合适，但是，不能否认政府决策的延续性。时间不一致性问题是用政府决策可能存在失误来否认政府调控的必要性，这就把两个层次的问题给混淆了：第一层次是需不需要政府进行宏观调控；第二层次是政府如何进行宏观调控。时间不一致性理论把政府如何进行宏观调控和需不需要政府进行宏观调控这两个不同层次的问题混淆在一起。政府决策有失误，古今中外概不例外，但是，政府决策有失误，我们仍然需要政府调控，政府部门要做的是不断提高政府决策的水平，这才是问题的意义所在。

因此，西方经济周期理论从不同角度对经济波动进行分析，但仍存在诸多问题，必须在前人解释的基础上，进一步推进经济波动的理论解释。

二、从经济周期理论到经济状态理论

纵观各种经济周期理论，本质上是考察不同时间段经济运动的规律。经济周期理论实质上是要回答“经济运行是否有周期、经济周期的表现形式是什么、如何调控经济周期”这三个问题。经济周期理论肯定了经济周期的存在性，分析了经济在不同时段的表现形式，并提出主要采用货币政策和财政政策调控经济周期的宏观调控思路。因此，根据经济周期理论，当现实经济表现某种特征时，就可以判断经济处于经济周期的某一阶段，政府就可以根据这一阶段的表现，采用相应的宏观政策。

考察经济运行规律，还可以提出“经济运行是否有状态，经济状态的表现形式是什么，如何调控经济状态”这三个与经济周期理论相对应的问题。

之所以提出这三个问题，是因为任何经济都是在一定的时空条件下进行的。经济周期理论仅从时间的角度对经济运行进行考察，实际上，当经济处于不同周期时，经济可以处于相同或者相似的状态；当经济处于不同状态时，经济可以跨越多个经济周期。仅从时间的角度出发难以全面分析经济运行规律，因此，也要从空间的角度出发，研究经济运行的规律。

经济状态理论就是从空间角度分析经济运动规律。之所以要建立经济状态理论，是因为：

第一，有利于拓展社会再生产理论研究。马克思给出了社会再生产满足平衡发展的条件，它揭示了经济处于平衡态的条件。平衡态是一种理想的经济状态，很多情况下，由于存在种种约束条件，现实经济主要是一种非平衡态。因此，必须要从社会再生产理论出发，研究经济处于非平衡态的特征，才能更好理解经济如何从非平衡态转向平衡态，又从平衡态转向非平衡态，从而深化社会再生产理论研究。

第二，有利于从空间角度分析经济运行规律。当前，学界主要从时间的角度分析经济运行规律，而从空间的角度分析经济运行规律的相关研究尚不完善。时间和空间是经济运行的两个基本条件。经济周期理论从纵向的、历史的角度分析经济运行规律，揭示了经济运动的持续性和间隔性，阐述经济处于不同时点的运动规律。经济状态理论是从空间的角度分析经济运行规律，它揭示了经济运动的广延性和伸张性。通过研究不同状态时的经济表现、存在问题，可以从空间角度进一步把握经济运行规律。

第三，有利于构建新的经济分析方法。经济周期理论主要采用周期分析法分析不同阶段经济运行的规律，它对于我们理解经济运行规律起到重要作用。经济状态理论采用状态分析法对经济运动规律进行分析。状态分析法从经济现象出发，判断经济处于何种状态，进而给出相应的政策建议，这就为分析经济运行规律提供了新途径。

第四，有利于深化宏观调控。长期以来，学界主要根据经济周期理论提出政策建议。这种政策建议通常具有逆周期的特征。其宏观政策包括财政政策和货币政策两种类型。财政政策有扩张性和紧缩性之分，货币政策也有扩张性和紧缩性之分，根据经济处于周期的不同阶段，财政政策和货币政策就会有不同的搭配，从而推动宏观经济走向平衡。经济状态理论从新的角度思考宏观调控。根据经济状态理论提出的政策建议具有逆状态的特征，其宏观政策包括投资政策和消费政策两种类型。根据经济所处的不同状态，投资政策和消费政策会有不同搭配，从而推动宏观经济走向平衡。因此，从经济状态理论出发思考宏观调控，能够给出与经济周期理论不同的政策思考和调控建议，从而有利于深化宏观调控。

因此，构建经济状态理论，可以从空间的角度深入研究经济运动规律，揭示经济处于不同状态条件下的特征，分析产生该种状态的原因，进而给出相应的政策建议，从而深化对经济运行规律的认识。

第二节　具体内涵

理论上，可以将经济状态分为平衡态和非平衡态。平衡态是稳态，是经济运行中的理想状态，是宏观调控追求的目标。可以把处于平衡态的经济称为平衡增长型经济。当满足社会再生产平衡条件时，经济处于平衡态。这时，社会总供给等于社会总需求，投资和消费比例协调，经济保持平稳增长。现实经济一般处于非平衡态。因此，理论上要对经济的非平衡态进行分析。

一、非平衡态经济的四种类型

经济不平衡是对经济平衡的否定。经济平衡包括总量平衡和结构平衡。与之相反，经济不平衡包括总量不平衡或者结构不平衡。总量不平衡有两种类型：一种是社会总需求大于社会总供给，另一种是社会总需求小于社会总供给。结构不平衡也有两种类型：一种是投资比重大于消费比重，另一种是投资比重小于消费比重。将这两种类型的不平衡组合起来，可以得到图3-1。

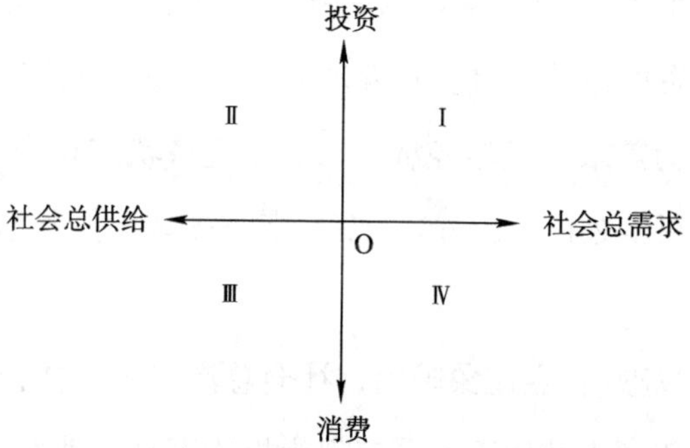

图3-1 经济状态示意

如图3-1所示，在原点O处，社会总供给等于社会总需求，投资和消费比例合理。在该点，经济处于均衡态。这个原点在图2-1中，相当于经济处于E点状态。除原点外，其他各点处于非平衡态。用横轴表示总量关系，即表示社会总供给和社会总需求之间的关系，用纵轴表示结构关系，即表示投资和消费的比例关系。从两个轴线出发，可以将非平衡态经济分为四种类型：

第Ⅰ象限（Ⅰ型）：在该象限内，社会总需求大于社会总供给，同时，投资比重大于消费所占的比重。它表现为投资过热、消费过热。因此，可以将该型经济称为供给不足型经济。该类型经济状态相当于图2–3所揭示的经济状态。在图2–3中，sf（n）>>bn，投资过热，消费过热，经济表现为泡沫状态。

第Ⅱ象限（Ⅱ型）：在该象限内，社会总供给大于社会总需求，同时，投资比重大于消费所占的比重。它表现为投资过多，消费不足。因此，可以将该型经济称为投资推动型经济。该类型经济状态相当于图2–1中经济处于E点左边的状态。在平衡点E点左边，经济表现为投资过多，消费不足。

第Ⅲ象限（Ⅲ型）：在该象限内，社会总供给大于社会总需求，同时，消费比重大于投资所占的比重。它表现为投资不足，消费不足。因此，可以将该型经济称为需求不足型经济。该类型经济状态相当于图2–2所揭示的经济状态。在图2–2中，sf（n）<<bn，经济表现为投资不足，消费不足，经济停滞增长。

第Ⅳ象限（Ⅳ型）：在该象限内，社会总需求大于社会总供给，同时，消费比重大于投资所占的比重。它表现为投资不足，消费过多。可以将该型经济称为消费拉动型经济。该类型经济状态相当于图2–1中经济处于E点右边的状态。在平衡点E点右边，经济表现为投资不足，消费过多。

因此，可以在社会再生产平衡增长模型基础上构建经济状态理论。在这四种经济状态中，第Ⅰ型和第Ⅲ型经济中，投资和消费要么同时过热，要么同时不足，这意味着社会总供求难以保持平衡，可以称为总量非均衡型经济。第Ⅱ型和第Ⅳ型经济中，社会总供求总体上可以保持平衡，经济更多地呈现为结构性问题，因此，可以称为结构非均衡型经济。

二、四种经济状态特征分析

对这四种经济状态，其特征可以用公式表述如下：

（一）供给不足型经济特征分析

供给不足型（Ⅰ型）经济的特征表现如下。

1. 社会总需求大于社会总供给

用公式表示：

$$\text{Ⅰ}(c+v+m)+\text{Ⅱ}(c+v+m)<\text{Ⅰ}(c+\Delta c)+\text{Ⅱ}(c+\Delta c)+\text{Ⅰ}(v+\Delta v+m/x)+\text{Ⅱ}(v+\Delta v+m/x)$$

两边都减去Ic和Ⅱc

$$\text{Ⅰ}(v+m)+\text{Ⅱ}(v+m)<\text{Ⅰ}\Delta c+\text{Ⅱ}\Delta c+\text{Ⅰ}(v+\Delta v+m/x)+\text{Ⅱ}(v+\Delta v+m/x)$$

令Ⅰc+Ⅱc=$I_{重}$，$I_{重}$表示重置投资；ⅠΔc+ⅡΔc=ΔI，ΔI表示新增投资；Ⅰ(v+Δv+m/x)+Ⅱ(v+Δv+m/x)=X，X表示消费；ΔX表示新增消费；Y表示国民收入。

则：

$$Y<X+\Delta I \tag{3-1}$$

这意味着社会总供给小于投资需求和消费需求之和，也就是国民收入小于新增投资和消费之和。

2. 投资比重大于消费比重

在社会再生产理论中，工人受雇于资本家，获得劳动力价值，资本家获得剩余价值。资本家将所获得的剩余价值一部分用于资本积累，另一部分用于消费，这意味着资本主义社会中，资本家是决定投资比重和消费比重的关键要素。因此，这里是从增量的角度考虑投资比重大于消费比重，新增投资的比例大于新增消费的比例。

用公式表示为：

$$\Delta I>\Delta X \tag{3-2}$$

因此，Ⅰ型经济表明，社会总需求大于社会总供给，社会总供给明显不足。这时，经济总体呈现过热状态，尤其是投资过热。在市场经济条件下，经济过热时，经济一般呈现高速增长，价格尤其是投资品的价格上升明显。

（二）投资推动型经济特征分析

投资推动型（Ⅱ型）经济的特征表现如下。

1. 社会总供给大于社会总需求

用公式表示为：

$$\text{Ⅰ}(v+m)+\text{Ⅱ}(v+m)>\text{Ⅰ}\,\Delta c+\text{Ⅱ}\,\Delta c+\text{Ⅰ}(v+\Delta v+m/x)+\text{Ⅱ}(v+\Delta v+m/x)$$

即：

$$Y>X+\Delta I \tag{3-3}$$

公式（3–3）表明，社会总供给大于投资需求和消费需求之和，也就是国民收入大于新增投资和消费之和。

2. 投资比重大于消费比重

用公式表示为：

$$\Delta I>\Delta X \tag{3-4}$$

因此，Ⅱ型经济表明，社会总供给大于社会总需求，经济从总量上不会出现短缺现象。投资比重大于消费比重，意味着资本家将获得的收入更多转化为资本积累，而将更少的收入用来消费，经济主要依靠投资推动经济增长。经济增速一般较快。价格水平总体平稳，投资品价格的上涨幅度一般高于消费品价格的上涨幅度。

（三）需求不足型经济特征分析

需求不足型（Ⅲ型）经济的特征表现如下。

1. 社会总供给大于社会总需求

用公式表示为：

$$\mathrm{I}(v+m)+\mathrm{II}(v+m)>\mathrm{I}\,\Delta c+\mathrm{II}\,\Delta c+\mathrm{I}(v+\Delta v+m/x)+\mathrm{II}(v+\Delta v+m/x)$$

即：

$$Y>X+\Delta I \tag{3-5}$$

2. 投资比重小于消费比重

用公式表示为：

$$\Delta I<\Delta X \tag{3-6}$$

因此，当经济处于Ⅲ型经济时，产能过剩，经济增速缓慢甚至为负增长。投资比重小于消费比重，意味着资本家将获得的收入更多转化为消费，经济中的投资需求严重不足。价格水平总体下降，投资品的价格下降幅度一般小于消费品的价格下降幅度。

（四）消费拉动型经济特征分析

消费拉动型（Ⅳ型）经济的特征表现如下。

1. 社会总需求大于社会总供给

用公式表示为：

$$\text{Ⅰ}(v+m)+\text{Ⅱ}(v+m)<\text{Ⅰ}\Delta c+\text{Ⅱ}\Delta c+\text{Ⅰ}(v+\Delta v+m/x)+\text{Ⅱ}(v+\Delta v+m/x)$$

即：

$$Y<X+\Delta I \qquad (3\text{-}7)$$

2. 消费比重大于投资比重

用公式表示为：

$$\Delta I<\Delta X \qquad (3\text{-}8)$$

当经济处于Ⅳ型时，由于社会总需求大于社会总供给，经济总体呈现上行状态。投资比重小于消费比重，意味着资本家将获得的收入更多转化为消费，而用更少的收入带动投资，经济主要依靠消费拉动经济增长，经济增速一般较快。价格总体平稳上涨，投资品的价格上涨幅度一般小于消费品的价格上涨幅度。

因此，可以用表3–1将不同状态经济的基本特征总结如下。

表3–1 经济状态特征

类型	总量	结构	经济增速	价格水平
0型 平衡增长型	社会总需求等于社会总供给	ΔI=ΔX	稳定	稳定
Ⅰ型 供给不足型	社会总需求大于社会总供给； 投资过热，消费过热	ΔI>ΔX	不定；一般 高速增长	不定；一般 上涨较快
Ⅱ型 投资推动型	社会总需求小于社会总供给	ΔI>ΔX	较快	平稳上涨

续表

类型	总量	结构	经济增速	价格水平
Ⅲ型 需求不足型	社会总需求小于社会总供给； 投资不足，消费不足	$\Delta I<\Delta X$	低速或负增长	下降或者 通货紧缩
Ⅳ型 消费拉动型	社会总需求大于社会总供给	$\Delta I<\Delta X$	较快	平稳上涨

三、投资和消费关系分析

从四种类型经济可以看出，投资和消费之间存在密切的关系。

这种关系可以分为三种类型：

第一种类型：反比关系。在简单再生产条件下，投资和消费之间存在着此消彼长的关系。投资增加，消费减少；投资减少，消费增加。

第二种类型：正向关系。投资增加，消费增加；投资减少，消费也会减少。

第三种类型：关系不确定。投资增加，消费可能增加，也可能减少；投资减少，消费可能增加，也可能减少。

从公式来看，投资能否带动消费，取决于积累率s。

当Ⅰ（$v+\Delta v+m/x$）>Ⅱc时，第Ⅰ部类资本要进行积累，现有的消费品难以满足，因此，就需要增加消费品的生产，于是，投资过热就会带动消费过热。

当Ⅰ（$v+\Delta v+m/x$）=Ⅱc时，这意味着第Ⅰ部类资本要进行积累，现有的消费品生产已经足以满足需要，此时，投资过热不会带动消费品的生产。

当Ⅰ（$v+\Delta v+m/x$）<Ⅱc时，且Ⅰ（$v+m$）>Ⅱc时，这意味着第Ⅰ部类资本要进行积累，现有的消费品已经足以满足，因此，不需要增加消费品的生产，于是，投资过热不会带动消费过热。

因此，投资和消费的关系是复杂的。这是因为决定投资和消费的因素是不同的。投资是企业行为，消费是个人行为，企业决策和消费者决策遵循不同的行为准则，从而导致两者关系复杂。

第三节　基本定位

在明确基本内涵后，有必要对该理论在经济学理论体系中的基本定位进行探讨。

一、经济状态理论与社会再生产理论的关系

经济状态理论是对马克思社会再生产理论的进一步延伸。马克思通过社会再生产理论，给出了国民经济的基本分析框架。这个分析框架的要点可以概括如下：

第一，国民经济研究的核心问题是社会总产品的实现问题。社会总产品是社会资本执行职能的结果，是社会在一定时期内（通常是一年）所生产的全部物质资料的总和。要实现社会总产品，就要求社会总产品的各个组成部分在价值上和在实物上得到补偿。所谓价值补偿，是指社会总产品的各部分价值，从商品形式转化为货币形式，也就是社会总产品价值的各个组成部分通过市场交换得以实现。所谓实物补偿，是指社会总产品价值的各个部分实现为货币形式后，转化为所需要的商品，也就是资本家所需要的生产资料、工人和资本家所需要的消费资料通过市场交换获得。

可见，马克思将国民经济的研究对象界定为社会总产品。理解社会总产品有两个维度，一个是实物维度，它表现为一个社会所生产的全部生产资料和全部生活资料；另一个是价值维度，它表现为社会总产值。这两个维度说明，马克思是在市场经济条件下研究社会总产品的实现问题的。

第二，从两个基本原理出发分析社会总产品的实现问题。第一个基本原理是社会总产品在实物上分为生产资料部类（第Ⅰ部类）和生活资料部类（第Ⅱ部类）两大部类；第二个基本原理是社会总产品在价值上由不变资本c、可变资本v和剩余价值m这三个部分组成。

这两个基本原理构建了马克思分析国民经济的框架。通过将国民经济分为c、v、m这三个部分，就可以将国民经济分析建立在扎实的微观基础上。在《资本论》（第1卷）中，马克思指出资本主义企业生产的产品价值包括不变资本（c）、可变资本（v）和剩余价值（m）三部分。因此，社会总产值分为不变资本、可变资本和剩余价值三部分，这就将企业的微观分析和国民经济的宏观分析有机结合起来。

第三，在满足一定的条件下，可以实现国民经济按比例协调发展。正如第二章第一节所分析的，在假设前提下，只要满足一定的条件，就能够实现社会再生产顺利进行。

社会再生产理论为分析国民经济提供了基本概念、基本方法和基本工具。但社会再生产理论要应用到现实经济中，存在两个难题：

第一，马克思将社会总产品按照用途分为两大部类，这在理论上是可行的，但是在现实中却难以做到。对于一个行业来说，许多行业生产的产品既可以作为生产资料用，也可以作为消费资料用。因此，要在现实中区分企业生产的产品哪一部分作为生产资料，哪一部分作为消费资料，基本上是难以实现的。这就必然导致统计上无法按照用途将社会总产品进行分类。

第二，在社会再生产理论中，隐含着“资本家既是消费的主体，也是投资的主体，而工人阶级只消费，不投资”这一假设。这与现实也有不小的差距。在现实中，随着工人阶级生活水平的提高，工人阶级的一部分收入通过银行储蓄、股票买卖等金融市场的中介又重新流回到资本家手中，从而转化为新的投资。因此，工人阶级的收入也是决定投资和消费的核心因素。在现实中，由于大部分投资都是通过银行等金融中介的储蓄转化而来的，要银行等金融中介统计哪一部分是工人的储蓄，哪一部分是资本家的储蓄，存在相当大的难度。

因此，要从社会总产品的实现条件判断国民经济是否按比例协调生产，理论上是可行的，但是在现实中，却难以实现。

经济状态理论试图解决社会再生产理论的现实应用问题。该理论在借鉴西方经济增长模型的基础上构建了平衡增长模型，该模型解决了社会再生产理论遇到的这两个难题。从社会再生产要满足总量平衡和结构平衡的思想出发，推导出经济处于非平衡态的四种类型，分析四种非平衡状态的经济特征。在应用时，就可以从经济现象出发，判断经济处于什么状态。当得知经济处于某种非平衡态时，政府就可以采取相应的调控政策，促使经济从非平衡态转向平衡态。

二、经济状态理论与西方宏观动态经济学的关系

1928年，拉姆齐发表《储蓄的数学原理》，首次从动态最优化的角度讨论资源的跨时最优配置问题。1939年，哈罗德发表《动态理论》，明确提出要构建动态经济学理论。由于根据哈罗德模型得出的“经济增长具有不稳定性”这一结论不符合二战后西方国家经济增长的现实，许多经济学

家尝试构建新的经济模型解释经济增长问题。1956年，索洛提出新古典增长模型，得出经济增长具有稳定性的结论。

拉姆齐模型和索洛新古典增长模型是西方宏观动态经济学的基本模型。西方宏观动态经济学以最优经济增长问题为研究对象，其基本思想大致可以表述为：在满足一定的约束条件下，可以从各种不同的增长路径中挑选一条路径，从而实现最优经济增长。西方宏观动态经济学从时间的角度出发，采用相位图分析方法分析宏观经济的长期变化趋势，这对于理解经济如何趋向最优增长具有重要意义。但是，该理论要应用到现实经济中，也存在不少难题。

（一）经济人假设

宏观动态经济学以经济人假设为前提条件。这不仅是宏观经济学的基础，也是微观经济学的基础。经济人假设虽然有其合理之处，但从政治经济学的角度来看，经济人假设存在两个方面的问题。

第一，关于人的本质的分析。经济人假设把人都看作利己人，这与政治经济学对人的理解存在本质的不同。马克思在《关于费尔巴哈的提纲》中提出："费尔巴哈想要研究跟思想客体确实不同的感性客体，但是他没有把人的活动本身理解为对象性的活动。"[①]"人的本质不是单个人所固有的抽象物，在其现实性上，它是一切社会关系的总和。"[②]可见，人的本质是现实的，具体的，不存在所谓抽象的人。宏观动态经济学试图将人类社会所有人都归纳为经济人，这与马克思的历史唯物主义观点不相吻合。正是因为人是实践中的人，所以不同历史时期、不同国家的人的本质是不同

① 马克思：《关于费尔巴哈的提纲》，《马克思恩格斯选集》（第一卷），人民出版社1995年版，第54页。

② 马克思：《关于费尔巴哈的提纲》，《马克思恩格斯选集》（第一卷），人民出版社1995年版，第56页。

的，奴隶社会有奴隶主和奴隶之分，封建社会有地主和农民之分，资本主义社会有资本家和工人之分。

第二，以经济人假设为基础展开的经济行为分析。西方经济学从经济人假设出发，得出个人要追求效用最大化，企业要追求利润最大化，并以此为目标展开分析。这就将个人和企业同质化了。从政治经济学的角度来看，人和人是不同的。由于生产资料归私人所有，资本主义社会的工人无法追求效用最大化，工人所创造的剩余价值被资本家无偿占有。同样，对于企业而言，私有企业在一定条件下要追求利润最大化，但不是所有企业在所有时间、所有空间都要追求利润最大化。以我国国有企业为例，国有企业既要追求利润，同时，也要承担社会责任。因此，西方经济学对于个人和企业的行为分析有一定的合理性，但不能绝对化，要具体现象具体分析，要从现实出发去分析企业和个人的经济行为。宏观动态经济学试图从无差别的经济行为出发分析经济现象，推导经济理论，这就导致其理论存在局限性。

（二）加总问题

宏观动态经济学是对经济总量行为的分析。利用加总的办法将微观分析与宏观分析相联系是宏观动态经济学的基本做法，通常采用积分的方法对所有企业和所有个人的行为进行加总。

正如前面在分析经济人假设时所指出的，不同的企业和个人有不同的经济行为。这种异质性导致无法对个人和企业行为进行加总。以我国为例，我国目前登记注册的企业类型包括国有单位、城镇集体单位、股份合作单位、联营单位、有限责任公司、股份有限公司、其他内资单位、港澳台商投资单位、外商投资单位等类型。不同企业类型的经济行为有相似性，但也有区别。因此，难以对所有企业行为进行加总。

同时，对个人的效用函数进行加总也存在难题。效用是一个主观的心理概念，因而难以加以衡量。比如，对于一个人来说，到底是一亩地还是一辆自行车更有效用？这是无法衡量的。因此，要对效用进行加总，实际上是把不同质的商品相加，这违背了“质不同的物质在量上不可能相加”这一基本的政治经济学原理。因此，要从总量效用函数推导出所有消费者的最优行为是无法实现的。

正是由于宏观动态经济学从抽象的经济行为假设出发解决加总问题，而现实企业和个人的经济行为远比这种抽象行为具体，故导致其理论应用到现实中存在局限性。同时，必须看到的是，不论是新古典增长模型还是拉姆齐模型，对于经济运行的原理都进行了深刻的刻画，对于本书提出的经济状态理论起到了很好的借鉴作用。

总之，经济状态理论是从状态角度分析经济运行规律的理论。该理论的构建以马克思社会再生产理论为基础，借鉴了西方宏观经济学相关理论成果。经济状态理论将国民经济存在的状态归纳为四个非平衡态和一个平衡态。本书从两个角度出发对此原理进行论证：一方面，在第三章第二节，本书从社会再生产理论出发，从社会再生产正常进行要求总量平衡和结构平衡的思想出发，勾勒出经济的五种状态，并对这五种经济状态的现实特征进行了刻画。另一方面，在第二章第二节，在借鉴西方新古典增长模型的基础上，提出了社会再生产平衡增长模型。从平衡增长模型出发，也可以刻画出经济状态的五种类型。

理论是要用来分析现实的。由于假设条件相对更加严格，故在借鉴新古典增长模型基础上建立的平衡增长模型，相比从社会再生产理论推导出的五种经济状态理论在现实应用中更有局限性。平衡增长模型隐含着“资本有机构成的变化是连续的”这一假设。现实中，不变资本连续变化勉强还可以成立，但可变资本的连续变化是很难成立的。同时，现实中经济处于平衡态是短暂的、相对的，可以将平衡态理解为一种理想态，一种经济运动要实现的目标。经济处于非平衡态是绝对的、长期的，所以下文主要是从第三章第二节刻画的四种经济非平衡态特征出发，分析该理论的现实应用。

第四节　调控政策

从西方宏观经济学出发，政府调控经济周期的政策是财政政策和货币政策。政府要根据经济处于不同周期采用不同的对策。一般来说，要刺激或者抑制需求，主要依靠财政政策，货币政策刺激需求的效果不太明显。要控制价格水平，主要依靠货币政策，财政政策对于控制通货膨胀或者通货紧缩的效果不太明显。与之相对应，经济状态理论认为，政府调控经济的政策是投资政策和消费政策，政府要合理运用投资政策和消费政策来调节经济运行状态。

一、投资政策和消费政策概述

（一）政策内涵

投资政策是指政府通过调节投资总量和投资结构促使经济状态达到均衡的各项政策。对于调节总量来说，政府的投资政策有扩张性投资政策和紧缩性投资政策之分。政府通过采用扩张性投资政策，可以有效刺激总需求；反之，政府采用紧缩性投资政策，就会抑制总需求。对于调节投资结构来说，政府可以通过结构性投资政策实现对特定产业结构的调整。

消费政策是指政府通过调节收入分配引导个人消费促使经济状态达到均衡的各项政策。对于调节总量来说，政府的消费政策有扩张性消费政策和紧缩性消费政策之分。政府通过采用扩张性消费政策，可以有效刺激总需求；反之，政府采用紧缩性消费政策，就会抑制总需求。对于调节消费结构来说，政府可以通过结构性消费政策实现对特定消费结构的调整。

（二）调控手段

就调控手段而言，政府调控投资和消费的工具主要有经济手段、法律手段、行政手段、规划手段和其他手段。

经济手段主要包括财政手段、货币手段和产业手段。财政方面，政府利用税收、债务、财政转移支付等手段调节投资和消费规模。货币方面，政府利用调节利率、汇率、货币供给量来调节投资和消费规模。产业方面，政府利用产业政策来调节投资结构，控制投资方向。

法律手段是以法律为武器，通过法律调节和规范经济主体的各种行为。法律手段具有权威性、强制性、规范性和稳定性特征。当一个国家实现依法治国时，其法律权威就能比较有效地发挥出来。

行政手段主要是政府通过颁布行政命令，制定行政政策、规章、条例等手段来调节投资和消费。与法律手段相比，行政手段时效性强，灵活性也更好。对于短期或者突发的情况，行政手段的效果往往更加明显。

规划手段是指政府在对经济社会发展趋势预测基础上，对未来投资和消费发展制定的规划。规划手段有指令性规划和指导性规划之分。规划手段具有前瞻性、引导性特征，对于引导社会各界了解和预测政府的决策方向具有重要作用。

其他手段主要包括教育、文化等手段。教育、文化手段一般不具有强制性，它主要是通过潜移默化的作用，引导人们树立正确的投资和消费理念。

（三）投资政策、消费政策与货币、财政政策的区别和联系

投资政策、消费政策与货币政策、财政政策既有联系，也有区别。

第一，两类政策之间存在密切联系。首先，两类政策的主体都是政府。这些政策都是政府为调控经济而采取的政策。其次，两类政策的调控效果有密切联系。货币政策中常用的是利率手段。当降低利率时，投资会扩张。同样，财政政策中常用的是税收手段。当增加税收时，企业会减少投资。

第二，两类政策之间存在重要区别。首先，就调控手段而言，投资政策的主体相对更宽泛。如产业手段是投资政策的重要手段，而这一般来说不属于货币政策和财政政策的范畴。其次，就调控效果而言，货币政策和财政政策的短期效果更明显，消费政策的短期效果也明显，投资政策的效果则相对更加复杂。

二、投资政策和消费政策的组合方式

在市场经济条件下，根据经济处于不同状态，政策组合要采取“逆状态”的调控思路。如表3–2所示，投资政策和消费政策有4种不同的组合方式。

表3-2　投资政策和消费政策的各种组合方式

状态	政策搭配	产出	价格
供给不足型	紧缩性投资政策和紧缩性消费政策	减少	投资品价格和消费品价格一般下降
投资推动型	紧缩性投资政策和扩张性消费政策	不定	投资品价格下降，消费品价格上升

续表

状态	政策搭配	产出	价格
需求不足型	扩张性投资政策和扩张性消费政策	增加	投资品价格和消费品价格上升
消费拉动型	扩张性投资政策和紧缩性消费政策	不定	投资品价格上升，消费品价格下降

第一，当经济处于供给不足型经济时，政府要采用紧缩性投资政策和紧缩性消费政策。通过两种政策的配合使用，压缩社会总需求，同时使价格下降，从而缓解经济过热。

第二，当经济处于投资推动型经济时，政府要采用紧缩性投资政策和扩张性消费政策。通过两种政策的配合使用，压缩投资品需求，降低投资品价格，同时刺激消费品需求，提升消费品价格，从而缓解投资过热，提升消费需求。

第三，当经济处于需求不足型经济时，政府要采用扩张性投资政策和扩张性消费政策。通过两种政策的配合使用，刺激社会总需求，同时使价格上升，从而刺激需求，缓解产能过剩。

第四，当经济处于消费拉动型经济时，政府要采用扩张性投资政策和紧缩性消费政策，通过两种政策的配合使用，刺激投资品需求，提高投资品价格，同时抑制消费品需求，降低消费品价格，从而刺激投资，缓解消费过热。

本章对经济失衡的四种状态进行描述，并对四种状态下的调控政策进行分析。第四章至第七章要对四种状态在现实经济中的表现及其成因进行分析，从而深化对经济失衡状态的研究。由于第Ⅰ型经济和第Ⅲ型经济属于总量失衡型经济，第Ⅱ型和第Ⅳ经济属于结构失衡型经济，按照先总量、后结构的分析思路，第四章、第五章分析供给不足型经济和需求不足型经济，第六章、第七章分析投资推动型经济、消费拉动型经济。

第四章　供给不足型经济

从经济史角度看，人类社会在进入资本主义社会以前，曾经反复陷入供给不足型经济状态。这里的根本原因在于技术进步缓慢。由于技术进步缓慢，生产力发展缓慢，社会总供给增加不足以满足人口增长所引致的社会总需求的增长，于是反复出现以商品短缺为特征的供给不足。随着人类社会进入资本主义社会，资本主义生产力取得飞速发展，这种商品短缺现象得到极大的缓解。20世纪，随着社会主义社会的出现，人类社会进入“一球两制”时代。在这两种社会制度下都出现了供给不足型经济状态。具体来说，有三种情况经济处于Ⅰ型经济：第一种情形是社会主义计划经济条件下的社会总供给不足，第二种情形是从计划经济向市场经济转型时期的社会总供给不足，第三种情形是市场经济条件下的社会总供给不足。本章对这三种情况依次进行分析。

第一节　计划经济条件下的供给不足型经济

计划经济条件下，经济表现为短缺型经济。下面，以苏联为例对该种经济状态进行分析。

一、苏联短缺型经济特征

从俄国十月革命到1991年苏联解体，苏联经济长期被短缺所困扰。[①]具体特征是：

（一）总量特征

从总量层面看，苏联经济特征如下：

第一，经济增速始终不低。1913—1976年，苏联社会总产值增长了58倍。[②③]从GDP指标来看，1971—1990年，苏联GDP增速平均为4.7%，高于同期发达国家水平。[④]

第二，国民收入稳步增长。按可比价格计算，1958年，苏联国民收入为1267亿卢布，到1985年，苏联国民收入为5679亿卢布，是1958年的4.48倍，平均年增速为5.71%。人均国民收入由1960年的683卢布增加到1985年的2090卢布。[⑤]

第三，价格变动幅度很小。以国家零售价格指数为例，假设1940年价格指数为100，1950年该指数达到186，随后，该指数呈现总体下降趋势。1966—1977年，该指数始终维持在139，随后，该指数微弱上升，1985年达到150。[⑥]

---

① 1917年，俄国十月革命胜利，胜利后建立的国家为俄罗斯苏维埃联邦社会主义共和国，简称苏俄；1922年，苏俄与其他苏维埃国家联合成立苏维埃社会主义共和国联盟，简称苏联。苏俄和苏联之间存在着密切的、不可分割的联系。理论界在谈论苏联时，主流的观点都是以1917年为起点。本书所指的苏联也是以1917年为起点。

② 苏联部长会议中央统计局：《苏联国民经济六十年》，生活·读书·新知三联书店1979年版，第8页。

③ 苏联成立前的资料，是按苏联成立后的疆界列示的，下同。

④ 数据来源：http：//data.un.org。

⑤ 陆南泉、张础、陈义初等：《苏联国民经济发展七十年》，机械工业出版社1988年版，第463-464页。

⑥ 陆南泉、张础、陈义初等：《苏联国民经济发展七十年》，机械工业出版社1988年版，第564页。

（二）结构特征

从结构层面看，苏联经济特征如下：

第一，工业迅速发展。1913—1976年，苏联工业总产值增长了136倍，属于工业范畴的生产资料生产增长了327倍，属于工业范畴的消费资料生产增长了42倍。[①]1950年，苏联工业总产值为美国的30%，1975年，苏联工业总产值相当于美国的80%以上，石油、钢铁、化肥等30多种产品产量位居世界第一。[②]

第二，农业增长缓慢。1913—1976年，苏联农业总产值增长了2.3倍。[③]1985年苏联农业总产值为1352亿卢布，比1950年增长了1.8倍。就谷物生产而言，1951—1955年谷物年平均产量为8850万吨，1976—1980年平均产量为20500万吨，增加了1.3倍。1981—1985年谷物年平均产量为18030万吨，又比前五年有所减少。从劳动生产率来看，国营农场生产每公担谷物（不包括玉米）所耗费的直接劳动量1971年为每人1.2小时，到1985年，该数据仍然保持在每人1.2小时。集体农庄生产每公担谷物（不包括玉米）所耗费的直接劳动量1971年为每人1.8小时，1985年为1.2小时。[④]苏联1913年的人口为1.59亿人，1976年人口为2.56亿人，农业总产值从1913—1976年只是增长了2.3倍，这意味着人均农业总产值每年仅增长1.15%。[⑤]这种缓慢的农业增长导致生活消费品供给长期不足，以致不得不

① 苏联部长会议中央统计局：《苏联国民经济六十年》，生活·读书·新知三联书店1979年版，第8页。

② 陆南泉、张础、陈义初等：《苏联国民经济发展七十年》，机械工业出版社1988年版，第3-4页。

③ 苏联部长会议中央统计局：《苏联国民经济六十年》，生活·读书·新知三联书店1979年版，第8页。

④ 陆南泉、张础、陈义初等：《苏联国民经济发展七十年》，机械工业出版社1988年版，第228，251-252，239-240页。

⑤ 苏联部长会议中央统计局：《苏联国民经济六十年》，生活·读书·新知三联书店1979年版，第4，8页。

长期对城市农产品供应实行严格的配给制度。

从数据看，计划经济时代苏联的经济增速并不低，尤其是投资品的增速并不低，苏联人民在相当长一段时间内生活水平保持改善态势。这从苏联与美国的经济实力对比中可以看出。按现行价格计算，1960年，苏联国民生产总值相当于美国的45.1%，1979年，该项指标相当于美国的65.7%。[①]这里的问题是，苏联经济始终被短缺所困扰，重工业、轻工业和农业发展比例失调，农产品短缺问题长期没有得到根本解决，这背后的原因是什么？

二、苏联短缺型经济的原因分析

苏联经济长期短缺，其原因是多方面的：

（一）长期奉行生产资料优先增长不可取

生产资料优先增长，是与技术进步导致资本有机构成提高相适应的一种客观趋势。但这并不意味着生产资料增长能够绝对地、无条件地快于消费资料增长。在某些情况下，消费资料优先增长也具有客观必然性。一味强调生产资料优先增长，只会导致投资、消费比例失调，导致两大部类之间的平衡条件被打破，人民生活水平长期得不到提高，从而导致经济危机。苏联经济发展模式说明生产资料优先增长原理的不可行性。从苏联70多年的建设历史来看，生产资料优先增长，导致农轻重比例严重失调，导致投资品和消费品的生产严重失调。这种失调在市场经济条件下，会造成严重的经济危机。而在计划经济条件下，它通过国家的计划来强行调节两者的比例关系，最终的结果是整个国民经济的崩溃。苏联的历史生动地告诉我们，将计划作为资源配置的重要手段，只会造成短缺严重，价格信号

① 陆南泉、张础、陈义初等：《苏联国民经济发展七十年》，机械工业出版社1988年版，第41页。

失真，人民收入水平失真，投资、消费比例严重失调，人民生活水平下降，进而导致国家解体。

（二）依靠计划来调节短缺难以长期持续

科尔内1980年出版《短缺经济学》，就计划经济条件下的短缺现象进行了深入分析。科尔内认为，之所以存在短缺经济，主要在于预算软约束。所谓预算软约束，是相对于预算硬约束而言的，在市场经济条件下，企业的预算约束是硬的，一旦成本超过利润，企业除破产外，没有其他可能性。但在计划经济条件下，企业的预算约束是软的，这种软预算约束表现为企业的税收制度、信贷制度是软的，同时，还可以得到国家的无偿拨款。因此，如果企业的经营成本超过利润，企业也不存在破产的问题。这就必然导致企业投资过热。因为在预算软约束条件下，企业增加投资，如果投资对了，企业的领导人和职工都可以获利；而企业一旦投资失败，就由政府兜底。同时，在计划经济体制下，企业对于投资什么、投资多少是没有决策权的，主要听从于计划的指令。企业所采购的原料、辅助材料和机器设备，企业生产的产品主要听从于计划的指令。这就导致企业在投资中存在过分囤积现象，越是短缺的物资，企业越是囤积，这就容易造成恶性循环，导致企业的存货水平远远超过理想的存货水平。

分析科尔内的理论，可以看出，计划经济条件下的投资过热和市场经济条件下的投资过热存在不同。计划经济条件下，由于价格信号微弱，企业短缺信号只能被计划者看到，解决短缺的办法是靠计划，而计划者精力再充沛，也不可能对无数的商品进行计划，而只能对少数几种商品的少量品种进行计划，这就导致大量商品短缺无法通过市场的价格波动机制进行解决，导致短缺问题愈演愈烈。这是苏联在长时间内都保持投资高速增长的重要原因。市场经济条件下，一旦商品短缺，价格信号就表现出来，于是，企业出于追求利润最大化的目的，必然会增加该商品的生产，从而依靠市场的力量逐步解决商品短缺问题。一旦短缺问题得到解决，市场供大于求，这个时候投资热度就会逐渐下降。因此，在市场经济条件下，不可能存在长时间的投资过热。

（三）计划体制存在一系列不合理之处

计划经济条件下的投资过热和消费过热，反映了投资品和消费品的供应不足和供应结构的不合理。计划经济条件下，不存在市场经济条件下的投资品和消费品的买卖问题，因此，产品短缺无法通过价格信号表现出来。可见，计划经济条件下的投资过热和消费过热反映了整个计划经济体制的不合理。计划经济体制的不合理性表现在：

第一，要素资源无法实现自由流动。由于绝大部分投资品和消费品的生产和流通都是由国家计划决定的，这就导致各种要素资源无法自由流动。因此，要实现资源的有效配置，只能依靠国家准确的计划安排。苏联近70年的计划经济实践表明，计划无法实现对资源的有效配置。计划者自身时间有限、精力有限、人员有限，却要对成千上万种的产品生产和流通进行计划，这本身就是一件无法完成的任务，计划者目的和实现目的的工具之间存在严重的不平衡。计划者无法确切知道生产需要多少资源，需要什么样的资源，这就必然导致计划者顾此失彼，无法根据经济自身的规律配置资源，这是导致商品供给不足的根本原因。

第二，人的积极性无法充分调动。由于生产和流通的成果无法直接与个人利益相挂钩，这就导致人们的积极性难以充分调动起来。苏联在农业中推行全盘集体化，这就消灭了小农经济。集体农庄是以生产资料公有制和集体劳动为基础的生产合作组织。农民在集体农庄干活，由于其劳动付出与成果没有直接挂钩，这就导致农民干活缺乏积极性。在工业领域，苏联实行按劳分配。按劳分配在现实中往往演变为平均分配。因此，不论是在农业还是在工业，都普遍存在“干多干少一个样，干好干坏一个样”的情形，这就导致人的积极性无法调动起来，从而导致供给长期不足。

第三，计划本身的失误进一步加剧了短缺问题。由于将资源通过计划大量配置在重工业生产中，而不是按照平衡的理念同步发展农轻重，导致工业总产值与农业总产值增速严重不匹配，导致消费品供给不足的问题更加突出。

因此，计划经济条件下的供给不足，根源于计划经济体制自身的不合理，这是导致供给不足的根本原因。

三、苏联治理对策分析

苏联时期，对于社会总供给不足和以此带来的农轻重比例严重失调，一直以来都没有找到很好的治理办法。短缺成为社会主义计划经济的代名词。苏联曾试图要解决短缺问题，其主要方法是：一是重新调整中央和地方的关系，调动地方发展经济的积极性。赫鲁晓夫于1957年进行了以向地方政府放权为特征的改革。改革的主要措施是撤销25个联盟共和国部、113个加盟共和国部，把它们的职能转由新成立的105个经济行政区委员会行使，从而调动地方积极性。这种改革只是将由中央行使的计划职能交由地方行使，而经济体制并没有发生根本变化，反而削弱了对工业部门的集中统一领导和实行统一的技术政策，所以，改革的效果并不佳。二是调整政府和企业的关系，扩大企业自主权。1962年9月，苏联《真理报》发表利别尔曼《计划·利润·奖金》一文，文章建议减少国家规定的计划指标，扩大企业权限，按盈利率高低来评价企业等建议，该建议的实质是要重构政府与企业的关系，发挥利润在经济运行中的核心作用。利别尔曼的建议引起了广泛讨论，并在苏联某些地方进行了试点，但随着赫鲁晓夫离开政治舞台，勃列日涅夫的改革又重新回到了计划经济的老路。

因此，虽然苏联也试图从政策层面解决短缺问题，但由于其体制没有根本转变，无法实现生产力和生产关系的良性互动，故政策层面的操作只能解决表面问题，而无法从根本上解决短缺问题，致使苏联长期处于供给不足型经济状态，最终导致苏联解体。

第二节　转型时期的供给不足型经济

我国从1978年开始推进经济转型。转型时期，我国经济发展的主要表现是投资过热和消费过热，故以我国为例说明转型时期的供给不足型经济。

一、转型期界定

我国的经济转型始于1978年，这是学界目前普遍的看法。但这个转型期什么时候结束，学术界有不同观点：第一种观点认为我国转型期到1992年结束，其标志是1992年党的十四大宣布我国经济体制改革的目标是建立社会主义市场经济体制。第二种观点认为我国的转型期到2003年结束。其标志是党的十六届三中全会将完善社会主义市场经济体制作为经济体制改革的目标。第三种观点认为我国的转型过程到现在还没有结束，因为我国虽然已经建立了社会主义市场经济体制，但这个体制并不完善，还需要继续探索。上述这些观点都是从经济体制的角度分析经济转型的。从体制角度看，上述观点都有其合理之处。以1992年为期，就是以找到经济体制转型目标来确定转型结束。以2003年为期，就是我国的社会主义市场经济体制已经建立起来了，这意味着转型已经结束了，剩下的就是进行体制机制的完善，这已经不属于体制转型的内容了。如果认为现在转型还没有结束，那就意味着现在的社会主义市场经济体制还不成熟，还需要继续探索，找到更加成熟的经济体制。因此，站在不同的角度，对于转型结束期有着不同的理解。

本书认为，可以从社会总供求的角度理解经济转型。从社会总供求的角度来看，计划经济体制的标志是短缺经济，而市场经济条件下一般不存在短缺经济。因此，可以将短缺现象基本消失、我国社会总供求基本平衡作为转型期结束的标志。如果从这个角度来看经济转型，可以将1997年作为我国经济转型期的结束年份。这是因为，经过改革开放20年的经济发展，我国到1997年已经基本解决商品短缺问题。其标志是到1998年我国出现了通货紧缩现象。1998年，我国居民消费价格指数为0.992，1999年为0.986。1998年我国工业品出厂价格指数为0.959，1999年为0.976。在商品短缺的情况下，社会总需求大于社会总供给，价格上涨，不可能出现通货紧缩。[①]因此，1998年，虽然我国经济受到亚洲金融危机的冲击，但如果一个国家内部供给小于需求，外需的冲击也不会使商品价格下降。这说明，到1998年，我国商品短缺现象已经消除，经济转型期已经结束。

二、转型期经济过热的表现及其成因分析

从现象看，我国转型期经济过热表现为经济高速增长，价格上涨明显。1978—1997年，我国GDP平均增速为10.1%。1985—1997年，我国居

① 国家统计局国民经济综合统计司编：《新中国六十年统计资料汇编》，中国统计出版社2010年版。

民消费价格年平均上涨10.8%。1978—1997年，我国工业品出厂价格年平均上涨6.8%。[①]在长达20年的经济转型过程中，经济过热集中表现在两个阶段，第一个阶段是在20世纪80年代中后期，第二个阶段是20世纪90年代初期。

20世纪80年代中后期，我国经济转型已经走过了10年时间，经济高速增长。经过1978—1986年的两轮经济调整，我国经济比例不协调问题得到较好解决。但由于计划外固定资产投资的增长没有得到很好控制，货币发行量过多，导致价格水平迅速上涨，1985—1987年居民消费价格增速分别达到9.3%、6.5%、7.3%。1988年，在通货膨胀已经比较明显的情况下，我国又推进价格改革闯关，导致居民消费价格增速达到18.8%，工业品出厂价格增速达到15.0%，经济出现过热现象。[②]这个阶段过热的主要原因是：一是价格双轨制。价格双轨制是指同种商品有两种价格，一种是国家统一定价，另一种是市场调节价。一般说来，国家定价要低于市场调节价。因此，只要厂家按照计划完成国家定价要求的生产任务，多余的生产能力所生产的商品就可以按照市场价格出售。这种双轨制价格刺激计划外投资生产迅速增长，从而导致投资过热。二是投资过热带动消费过热。投资品生产过热导致消费品生产增加，从而带动消费过热。三是货币发行量偏多。从现金投放来看，1983—1988年，我国国家银行现金收入平均增速为28.99%，1988年现金收入比1987年增速达到45.91%，这种迅速增加的货币供给量，导致价格水平迅速上涨。[③]

① 国家统计局国民经济综合统计司编：《新中国六十年统计资料汇编》，中国统计出版社2010年版。

② 国家统计局国民经济综合统计司编：《新中国六十年统计资料汇编》，中国统计出版社2010年版。

③ 中国金融年鉴编辑部：《中国金融年鉴1989》，中国金融出版社1989年版。

1992年，邓小平同志发表“南方谈话”，随后，党的十四大将建立社会主义市场经济体制作为我国经济体制改革的目标。这个政策上的超级大利好推动我国经济全面过热。一是生产全面扩张。1992—1993年我国固定资产投资增速高达44.4%、61.8%。如此快速的投资增速导致我国投资品生产迅速扩张。按当年价格计算，我国工业总产值从1991年的26625亿元迅速扩张到1994年的70176亿元，年均增速分别为14.8%、24.7%、27.3%、24.2%。[①]二是投资过热带动消费过热。全国居民人均消费水平按绝对数计算从1991年的896元快速扩张到1994年的1781元，按可比价格计算，年均增速达到12.9%、8.1%和6.5%。[②]三是货币发行量迅速扩张。1992—1994年我国M2增速达到31.28%、37.31%、34.53%。这三年的货币发行量远远超过改革开放以来其他时期的货币发行量，如此巨额的发行量导致我国居民消费价格指数迅速上涨，从1992年的6.4%上涨到1993年的14.7%和1994年的24.1%，24.1%的价格上涨幅度是改革开放以来我国居民消费价格上涨的最高值。同时，工业品出厂价格在1993年也比上年同期上涨24.0%，该数值也是我国改革开放以来工业品价格上涨的最高值。[③]

分析两个阶段的经济过热，其大背景都是在商品短缺的情况下出现的。所以，一旦需求侧有重大变化，就会带来商品价格的快速上涨。第一阶段的过热与价格双轨制以及由此带来的价格闯关密切相关，第二阶段则是由于我国经济体制改革目标的确定。因此，第一阶段的过热与对改革的不理解和恐慌密切相关，第二阶段的过热与对改革前景的看法密切相关。因此，经济波动与体制环境的迅速变化密切相关。

---

① 国家统计局国民经济综合统计司编：《新中国六十年统计资料汇编》，中国统计出版社2010年版。

② 国家统计局编：《中国统计年鉴1996》，中国统计出版社1996年版。

③ 国家统计局国民经济综合统计司编：《新中国六十年统计资料汇编》，中国统计出版社2010年版。

三、转型期经济过热的效应分析

两个阶段经济过热带来的积极效应在于推动社会总供给能力快速扩张，促使商品短缺问题逐渐解决。改革开放前20年，我国宏观调控最大的制约因素在于社会总供给能力不足。因此，提高生产能力成为推动我国经济增长的首要动力。这与计划经济时代生产能力增加有本质性的区别。计划经济时代，投资过热的前提条件是预算软约束，这就使企业有动力不断增加投资，提高生产能力，但计划经济条件下，由于不存在市场问题，难以评价投资效果的好坏。转型时期，企业投资约束不断刚性化。私营企业的投资从一开始就面临预算硬约束的问题，国有企业则通过不断深化改革，所面临的约束也在不断硬化。因此，同样是投资过热，一个存在预算软约束，一个存在预算硬约束，这使两种投资所带来的效果截然不同。通过转型，我国在1998年前解决了商品短缺问题，这意味着人民温饱问题的解决，我国经济发展达到小康水平。

在看到其积极效应的同时，也要看到，转型时期的投资过热和消费过热也出现一系列负面效应：一是通货膨胀。在市场经济条件下，社会总需求大于社会总供给的情况下，价格必然上涨。由于存在严格的价格计划管控，计划经济时代商品价格变动幅度不大。1950年居民消费价格指数为100.0，1977年居民消费价格指数为143.7，在此期间有多年出现通货紧缩现象。可见，计划经济时代投资过热不一定会带来通货膨胀。一旦从计划转向市场，通货膨胀是不可避免的。我国在转型期间价格始终在上涨。1978年居民消费价格指数为144.7，1992年该指数为345.0，1994年该指数为491.0。这种快速的价格上涨是转型时期的重要特征。[①]二是经济秩序混乱，各种寻租现象

① 国家统计局国民经济综合统计司编：《新中国六十年统计资料汇编》，中国统计出版社2010年版。

突出。在商品短缺情况下，只要能将商品生产出来，基本上是不愁销路的，商品市场属于比较典型的卖方市场。双轨制时期，只要能拿到批条，就能将体制内的商品转化为体制外的商品进行高价出售，从而牟取暴利。于是，在极短时间内，流通领域就冒出了十几万家各种各样的公司，这些公司主要进行倒买倒卖，从而获取大量灰色收入。1992年邓小平“南方谈话”后，各地谋发展的热情高涨，迅速扩大投资规模、推动经济快速增长成为当时经济发展的主线，要投资就需要融资，于是，各种形式的集资活动此起彼伏，各种债券利息一般都高达20% ~40%，导致金融乱象丛生。

四、转型期的治理对策

解决供给不足问题的思路在于增加有效供给。要增加有效供给，就要调动企业增加有效供给的积极性。纵观我国转型时期的治理对策，就是逐步解决了体制问题，从而把人的积极性给调动起来了，这是我国能够解决社会总供给不足的最根本原因。

1978年，我国做出了改革开放的战略决策，提出以经济建设为中心推进社会发展。1984年党的十二大做出我国经济是有计划的商品经济的论断，要改革计划体制，适当缩小指令性计划的范围，适当扩大指导性计划的范围。党的十四大提出我国经济体制改革的目标是建立社会主义市场经济体制。以市场为导向的改革，实质上就是发挥经济利益在调动人的积极性方面的作用，从而激发人的创造力，推动生产不断发展。因此，经济体制转型为我国解决社会总供给不足奠定了根本基础。围绕经济体制改革，我国主要从三个方面着手：一是在农业方面，废除人民公社制度，实行家庭联产承包责任制。家庭联产承包责任制调动了农民的生产积极性，使我国农产品产量迅速增长。二是深化国有企业改革。针对政企职责不分、条块分割、国家对企业统得过多过死的问题，国家先是逐步扩大企业自主权，而后在1993年提出建立现代企业制度。现代企业制度的核心特征是产权清晰，企业中的国有资产所有权属于国家，企业拥有包括国家在内的出资者投资形成的全部法人财产权，成为享有民事权利、承担民事责任的法人实体。三是大力发展非公有制经济。个体经济、私营经济、外资经济在改革开放后不断发展。非公经济天然是以市场为导向，这股力量的崛起成为增加我国生产能力的重要力量。

因此，正是由于我国以社会主义市场经济体制为经济体制改革目标，坚持公有制为主体、多种所有制经济共同发展，这才充分调动了各个行业、各个阶层人士的积极性，从而为增加生产能力、解决短缺问题奠定了体制基础。我国的经验表明，解决社会总供给不足，关键是要建立社会主义市场经济体制，让价格信号发挥作用。在价格信号的作用下，在供给不足的情况下，价格会上涨，价格上涨会不断、持续地刺激人们增加供给，从而从根本上解决供给不足的问题。

同时，要治理投资过热和消费过热，在增加供给的同时，也要从遏制需求角度入手。我国在经济过热期间采用各种手段遏制社会总需求。

第一，采取紧缩性投资政策遏制社会投资需求，主要是遏制全社会固定资产投资。

第二，采取紧缩性消费政策遏制消费需求。由于消费分为政府消费和民间消费，当时控制的主要是政府消费，通过压缩社会集团购买力，遏制建设楼堂馆所等措施压缩政府消费需求。

第三，遏制通货膨胀、稳定价格。这主要表现在控制货币供给上。从现金投放看，在1988年现金投放高速增长后，我国现金投放增量迅速下降，我国国家银行现金收入增速1989年下降为17.54%，1990年进一步下降为

14.04%；[①]同样，第二阶段经济过热时，我国M2增速从1995年起逐渐下降，从1995年的29.47%下降到1996年的25.26%，1997年又下降到19.58%。随着货币供给量的下降，我国居民消费价格也逐渐下降，从1995年的17.10%下降到1996年的8.30%，1997年进一步下降到2.80%。[②]

第四，依靠行政手段治理经济秩序混乱。1989—1991年治理整顿期间，通过整顿公司、惩治"官倒"，逐步缩小价格双轨制范围，遏制流通秩序混乱。1995年后，主要是通过打击偷税、漏税、骗税、逃税，打击清理乱拆借、乱集资等手段扭转经济秩序混乱的局面。

总的来看，我国转型时期的治理思路是正确的。这种正确首先表现为方向的正确。1978年，我国实行改革开放，这为解决社会总供给奠定了根本前提。这种正确还表现为手段的正确。在治理手段上，针对经济过热，一方面要努力扩大供给；另一方面要努力压缩社会总需求，特别是压缩社会固定资产投资需求和政府消费需求，从而将过热的需求压缩下来。再通过控制货币供给量，整顿经济秩序，这就有力地促进了社会总供求的平衡。经过调控，我国经济实现成功转型。

第三节　市场经济条件下的供给不足型经济

一般说来，市场经济条件下，经济表现为供给不足的状态是短暂的。供给不足意味着商品供给的短缺。这就导致价格上升，市场主体出于追求利润最大化的需要，必然会不断增加供给，从而导致经济平衡。因此，经

① 《中国统计年鉴1992》，中国统计出版社1992年版。

② 国家统计局国民经济综合统计司编：《新中国六十年统计资料汇编》，中国统计出版社2010年版。

济如果表现为供给不足型经济，生产者必然开足马力生产，从而导致经济全面过热。

一、市场经济条件下经济过热的表现及其成因分析

从现象看，市场经济条件下经济过热一般表现为经济增速加快、价格上涨。导致经济过热的成因在各个国家各不相同，具体说来，体现在以下几方面。

（一）和平时期

以我国为例，分析和平时期的经济过热。

1998年，亚洲金融危机爆发。为应对危机，我国实行了扩大内需的经济政策。主要措施是：第一，财政政策由适度从紧转为积极，通过发行长期国债、拓宽融资渠道等多种途径拉动投资，刺激投资需求；通过住房制度改革、教育制度改革、医疗制度改革等多项举措刺激居民消费需求。第二，货币政策从适度从紧转向稳健，1998—1999年连续4次下调利率，从而拉动投资需求。第三，深化调整经济结构。巩固和加强农业基础地位，突出基础设施建设、高新技术产业发展和传统工业改造升级。

在扩大内需的同时，我国也积极扩大外需。2001年我国加入世界贸易组织，这是我国深度参与经济全球化的里程碑，标志着我国改革开放进入历史新阶段。“入世”意味着我国对外开放的大门不但不会关闭，而且会越开越大。“入世”极大地提振了投资者的信心，促进我国外需迅速增长。2002—2007年，我国货物进出口总额平均增长25.97%。货物出口规模超过进口规模，2002—2007年，货物净出口差额平均增速达到61.97%。[①]

---

① 国家统计局国民经济综合统计司编：《新中国六十年统计资料汇编》，中国统计出版社2010年版。

因此，扩大内需的政策和加入世贸组织的重大利好，导致社会总需求迅速增加，我国经济增长速度从2002年的9.1%迅速提高到2007年的13.0%，居民消费价格增速从2003年的1.2%上涨到2007年的4.8%。同时，国内消费和投资也在稳定增长。2002—2007年，最终消费支出年均增长11.59%，资本形成总额年均增长18.69%，我国经济呈现投资过热和消费过热的双过热现象。在双过热条件下，我国经济呈现高增长、低通胀的良好发展态势。2002—2007年，我国经济平均增速达到10.7%，同时，商品价格却没有出现明显的通货膨胀现象。从居民消费价格来看，2002—2007年我国居民消费价格平均上涨2.1%，工业品出厂价格平均上涨2.9%，经济发展呈现温和的通胀水平。①

（二）战争时期

以美国为例，分析战争时期的经济过热。1939年，第二次世界大战爆发。1941年12月7日，日军偷袭珍珠港。随后，美国宣布正式参战。美国的参战导致军事支出迅速扩张。以军事采购为例，1940年美国政府在军事方面的支出为22亿美元，1941年上涨到128亿美元，1942—1944年分别上涨到432亿美元、671亿美元和737亿美元，1945年，随着战争接近尾声，下降到672亿美元。1946年，战争结束，美国军事支出快速下降到159亿美元。②因此，战争刺激了军事支出，军事支出刺激了投资支出，投资支出刺激了消费支出，导致经济全面过热。1941—1943年，美国GDP增速分别为17.7%、18.9%、17.0%。③这是1929年至今美国的最高经济增速。因此，通过战争拉动经济增长成为美国经济发展的重要经验。

---

① 国家统计局国民经济综合统计司编：《新中国六十年统计资料汇编》，中国统计出版社2010年版。

② 数据来源：The Economic Report of the President，January 1949：P100。

③ 数据来源：www.bea.gov。

二、经济过热的治理对策分析

对于不同时期的经济过热，其治理思路是不同的。

（一）和平时期

2002—2007年，在投资需求和消费需求的带动下，我国经济呈现良好的发展态势。2007年，我国经济增速达到14.2%，如此高的经济增速导致价格水平上升。2008年初，居民消费价格月度同比增速超过8.0%。[①]为防止通货膨胀，我国宏观调控政策逐渐偏紧。2005年，我国的财政政策从积极转变为稳健。主要是通过减少财政赤字、减少长期建设国债发行规模、减少政府支出，控制社会总需求过快增长。2008年初，我国的货币政策从稳健转向从紧。政府力图通过控制货币供应量和信贷过快增长、提高利率等手段，抑制价格总水平过快上涨。由于国际金融危机的冲击，我国政府的治理政策实行不到一年就迅速转向，因此，要对该种类型下的治理对策进行分析评价，还有待积累更多的经验和数据。

（二）战争时期

战争时期，经济治理的思路在于保证战争胜利。要保证战争胜利，最根本的方法就在于扩大社会总供给，尤其是扩大军事生产，从而保证战时各类资源的需要。因此，大量在和平时期从事民品生产的美国企业都转向从事军品生产。与战前相比，机器生产增加了3倍，运输设备增加了7倍。同时，为应对由于供需缺口造成的物价上涨，美国对商品实行定量配给和物价管制。

可见，同样是治理经济过热，和平时期和战争时期的治理思路是不同的。和平时期治理经济过热，更多的是要靠抑制需求，采取紧缩性的投资

---

① 数据来源：http://www.stats.gov.cn/

和消费政策，防止通货膨胀。在战争时期，则是要扩大社会总供给，刺激生产。两种不同的治理思路导致的后果是不同的。在战争结束后，由于支撑经济发展的军事工业需求迅速萎缩，美国经济迅速陷入负增长。1945—1947年美国经济增速分别为–0.98%、–11.61%、–1.14%。可见，战争虽然能够刺激经济，可一旦战争结束，支撑经济高速运转的军事机器就会突然减速，而大量从事军品生产的企业要重新转到民品生产也需要时间，这会导致经济陷入负增长。

从上述分析可知，同样是供给不足型经济状态，中国、美国、苏联表现出三种不同的经济亚状态。在不同的经济亚状态类型下，三国采用了不同的调控政策。有的调控效果好，有的调控效果差。从根本上说，这种效果的好坏是由基本经济体制决定的。因此，当一国经济长期处于不良状态时，除了要通过政策调控促使经济回到正常状态外，最根本的还是要深化体制机制的变革。这是调整经济状态的治本之道。当一国的基本经济制度被实践证明有效时，经济状态调控的重点就要放在逆状态调控政策上。因此，调控经济状态的思路有两个：一是治标，也就是采用逆状态的经济调控政策；二是治本，也就是深化基本经济制度的改革。不同国家要从本国所处的环境出发，采用不同的调控思路，从而推进经济状态实现均衡。

第五章　需求不足型经济

当经济处于需求不足型经济时，经济表现为有效需求不足。从历史上看，1929—1933年美国爆发的经济大萧条符合该型经济特征。本章以美国1929—1933年经济为例，说明该类经济。

第一节　表现形式

1929—1933年，资本主义世界爆发了有史以来最严重和最深刻的经济危机。这次大危机席卷了各主要资本主义国家。整个资本主义世界在经历了长达4年的经济危机后，又陷入了长期的萧条之中。西方国家称这次大危机和随后而来的萧条为“30年代大萧条”。

一、大萧条爆发前的经济表现

美国在经济大萧条前曾经经历了长期的经济繁荣期。在第二次技术革命的推动下，美国在1890—1920年经历了长时期的经济繁荣，该时期曾被称为“进步主义时期”。在该时期，美国产能快速扩张。从农业看，1897年，美国农作物产值为25亿美元；到1908年，农作物产值已经达到51亿美元，十年时间农作物产值翻了1倍；到1919年时，农作物产值达到152亿美元，十年时间产值又增长了近2倍。[①]同时，美国工业也保持了高速增长。1899年美国制造业产值为114亿美元，1909年达到206亿美元，1919年达到624亿美元。[②]这种快速的扩展导致工资水平不断上涨。1914年美国25个主要制造业工人周工资为12.54美元。随着经济的复苏，该数据不断上升，1922年达到24.04美元，1928年达到27.41美元。[③]

经济景气导致股市泡沫高涨。大量资金涌入股票市场，导致股票交易量和价格迅速上涨。1920年，纽约股票交易量为2.27亿股，1928年，交易量达到9.20亿股。以25种工业股票价格为例，1921年平均每股价格为79.38美元，1929年平均每股价格为366.29美元，8年时间上涨了3.61倍。[④]股市投机严重，有些股票以其账面价值的数倍价格卖出。

因此，美国在经济大萧条之前，经济已经处于非理性繁荣状态。不论是农业、工业，美国在大萧条爆发前都保持了快速扩张态势。这就使其产能过剩不断累积，社会总供给远远超过社会总需求，从而为经济危机的爆发创造了基本前提。在社会总供给远超过社会总需求的同时，美国不是试图减少供给，而是试图通过刺激需求来保持总供求平衡。这表现为私人部门大举借债、货币政策过度宽松，因此，这实际上是用扩张债务的办法来进一步刺激需求，从而使供求关系不平衡进一步加剧。

---

① 数据来源：Statistical Abstract of the United States 1923：P175。
② 数据来源：Statistical Abstract of the United States 1925：P745。
③ 数据来源：Statistical Abstract of the United States 1930：P347。
④ 数据来源：Statistical Abstract of the United States 1930：P315。

二、大萧条时期的经济特征

1929年10月，美国股票市场出现暴跌。这是美国经济大萧条的开端。随后，美国股票市场继续下跌，据统计，纽约证券交易所股票交易量从1929年的11.25亿股下降到1932年的4.25亿股，25种工业股票平均价格从1929年的366.29美元下降到1932年的93.63美元，下跌幅度达到74.4%。[①]

经济增速急剧下降。1929年，美国实际GDP为1046亿美元，1933年，实际GDP为572亿美元，1930—1933年，实际经济增速分别是-8.5%、-6.4%、-12.9%、-1.2%。经济下跌幅度之深、下跌时间持续之长创下1929年以来美国经济衰退的最长历史纪录。[②]

商品价格急剧下降。以1926年美国商品零售价格指数为100计算，1929年该指数下降为95.3，1930年下降到86.4，1931年下降到73.0，1932年下降到64.8。商品零售价格的急剧下降也进一步说明产能过剩的严重性。[③]

投资急剧下降。1929年，美国私人国内总投资额为162亿美元，危机爆发后，私人投资急剧萎缩，1930年为103亿美元，1931年为56亿美元，1932年为10亿美元，1933年为14亿美元。[④]私人投资急剧下跌，意味着投资需求严重不足。投资支出的下降意味着生产能力的快速下降。以制造业为例，1929年制造业产值为699亿美元，到1931年该产值下降为410亿美元，到1933年进一步下降到313亿美元。[⑤]

投资下降导致劳动者所获得的收入急剧萎缩。1929年美国劳动者报酬总额为511亿美元，1930年为468亿美元，1931年为398亿美元，1932年

---

① 数据来源：Statistical Abstract of the United States 1934：P279。

② 数据来源：www.bea.gov。

③ 数据来源：Statistical Abstract of the United States 1936：P299。

④ 数据来源：Economic Report of the President 1971：P197。

⑤ 数据来源：Statistical Abstract of the United States 1936：P733。

为311亿美元，1933年下降到最低点295亿美元。收入的急剧下降导致消费严重不足。[①]

投资、消费不足导致进出口急剧萎缩。1929年美国出口商品价值为52亿美元，进口商品价值为43亿美元；1930年出口商品价值下降为38亿美元，进口商品价值下降为30亿美元；[②]1931年出口商品价值下降为24亿美元，进口商品价值下降为20亿美元；1932年出口商品价值进一步下降为16亿美元，进口商品价值下降为13亿美元。[③]

美国爆发的大萧条迅速蔓延到其他国家，从而造成全球经济大萧条。各国为维护本国利益，纷纷推出贸易保护主义措施，世界经济形势进一步恶化。

经济危机带来严重的政治、社会和军事危机。由于经济严重衰退，发生了遍及美国的大饥荒和普遍营养不良，大量人口非正常死亡。1932年，美国退伍老兵发动“向华盛顿进军”活动。1933年，由于胡佛政府应对危机不力，罗斯福被选举担任美国新总统。同时，世界其他国家政府领导人也纷纷轮换，德国、意大利、日本为摆脱大萧条开始走上了对外侵略扩张的道路，并最终引爆第二次世界大战。

第二节　成因分析

对于大萧条产生的原因，诸多学者都进行了分析。

---

① 数据来源：Economic Report of the President 1971：P211。

② 数据来源：Statistical Abstract of the United States 1932：P427。

③ 数据来源：Statistical Abstract of the United States 1934：P402。

一、有效需求不足理论评析

高鸿业在《西方经济学》（第六版）中，提出凯恩斯理论的基本分析框架是：

第一，国民收入决定于消费和投资。

第二，消费由消费倾向和收入决定。消费倾向分为平均消费倾向和边际消费倾向。边际消费倾向大于0而小于1，因此，收入增加时，消费也增加。但在增加的收入中，用来增加消费的部分所占比例可能越来越小，用于增加储蓄部分所占比例可能越来越大。

第三，消费倾向比较稳定。因此，国民收入波动主要来自投资的波动。投资的增加或减少会通过投资乘数引起国民收入的多倍增加或减少。由于边际消费倾向大于0小于1，因此，投资乘数大于1。

第四，投资由利率和资本边际效率决定，投资与利率呈反方向变动关系，与资本边际效率呈正方向变动关系。所谓资本边际效率，就是由预期收益和资本品的供给价格或者说重置成本决定，用公式表示为：

$$R=R_1/(1+r)+R_2/(1+r)^2+\cdots+R_n/(1+r)^n+J/(1+r)^n \qquad (5-1)$$

其中，R表示资本物品的供给价格；价格R_1、R_2、…、R_n代表不同年份的预期收益；J代表该资本品在n年末时的报废价值；r代表资本边际效率。

如果资本品的供给价格、每年的资本预期收益和报废价值都能计算出来，则r就能计算出来。如果r大于市场利率，则该项投资就值得进行；若r小于市场利率，则该项投资就不值得进行。因此，当资本的边际效率低于利率时，资本家就会减少投资，从而导致投资不足。

第五，利率决定于流动偏好与货币数量。流动偏好是对货币的需求，是指由于货币具有使用上的灵活性，人们宁肯以牺牲利息收入而储存不生息的货币来保持财富的心理倾向。流动偏好由L_1和L_2组成，其中，L_1来自交易动机和谨慎动机，L_2来自投机动机。货币数量m是货币供给，由满足交易动机和谨慎动机的货币和满足投机动机的货币组成。

凯恩斯认为，形成资本主义经济萧条的根源是由于消费需求和投资需求所构成的总需求不足以实现充分就业。消费需求不足是由于边际消费倾向小于1，即人们不会把增加的收入全用来消费，而投资需求不足是由于资本边际效率在长期内递减。为解决有效需求不足，必须发挥政府作用，用财政政策和货币政策来实现充分就业。财政政策就是用政府增加支出或减少税收以增加总需求，通过乘数原理引起收入多倍增加。货币政策是用增加货币供给量以降低利率，刺激投资从而增加收入。由于存在“流动偏好陷阱”，因此货币政策效果有限，增加收入主要靠财政政策。

凯恩斯的理论开创了西方宏观经济分析的先河。它有如下重要意义：第一，就方法论而言，不论是古典主义还是新古典主义，都是采用个量分析方法，凯恩斯提出了总量分析方法，创立了一套衡量宏观经济活动的概念和指标体系。他指出：“我以为把经济学分为两部分，一部分是价值论与分配论，另一部分是货币论，实在是错误的分法。我以为正确的两分法应当是：一面是关于一厂或一业之理论，研究如何把一特定量资源分配于各种用途，其报酬为如何等；另一面是适用于社会全体的产量论及就业论。”[①]可见，凯恩斯明确把经济学研究分为微观经济学和宏观经济学两部分。第二，在理论上提出了一整套宏观分析理论。第三，在政策上明确提出政府要干预经济，而不采用古典主义自由放任的方针。

但是，凯恩斯理论也存在如下缺陷：

第一，他认为国民收入之所以经常低于充分就业的水平，在于消费函

① 凯恩斯：《就业、利息和货币通论》，商务印书馆1983年版，第252–253页。

数、资本边际效率和流动偏好不能相互协调和配合，不能相互协调和配合的根源在于它们都受到人们自发的心理状态的影响，这就将产生经济危机的原因归纳为人们的主观因素，这相当于用主观因素来解释客观的经济危机，这是不合理的。

第二，从投资不足来看，他将投资的原因归结为资本边际效率与利率之比较。从马克思的角度来分析，利率的高低代表的是生息资本的利益，利益越高，生息资本家获得的利益越高；资本边际效率代表的是产业资本家的利润，资本边际效率越高，产业资本家的利润越高。这里，凯恩斯实际上将产业资本家投资的原因归结为产业资本家和生息资本家的利益之争。一旦产业资本家获得的利润少于生息资本家获得的利息，产业资本家就不会投资；反之，产业资本家就会投资。这种理论误解了产业资本家的利润来源。产业资本家的利润来源于工人劳动创造的剩余价值，而不可能来自与生息资本家的利益之争。凯恩斯将利润来源与利润分割混淆起来。产业资本家和生息资本家都共同分割工人劳动创造的剩余价值，利率的高低只是影响产业资本家和生息资本家之间的利益分配，但不会影响剩余价值本身。凯恩斯将投资不足的理由归结为资本边际效率与利率的比较是站不住脚的。

第三，就消费不足来说，将消费不足归结为边际消费倾向递减也值得斟酌。首先，消费分为工人消费和资本家消费。就工人消费而言，工人的收入是全部用于消费的。对于资本家而言，资本家的收入分为两部分，一部分用于资本积累，另一部分用于消费。当经济形势好时，资本家的收入将更多地用于资本积累，更少用于消费；而当经济形势不好时，资本家可能缺少收入，这个时候反而消费在收入中所占的比例会增加。这里不存在所谓的边际消费倾向递减的问题。这个规律是为了与微观经济学边际效用递减规律相匹配而创造出来的规律。正如凯恩斯指出的，“无论从先验的人性看，或从经验中之具体事实看，有一个基本心理法则，我们可以确信不疑。一般而论，当所得增加时，人们将增加其消费，但消费之增加，不若其所得增加之甚”。[①]所以，西方经济学界有学者将凯恩斯理论归入心理理论的范围。

二、货币主义理论评述

弗里德曼认为，货币因素是导致大萧条的重要原因。在大萧条期间，美国货币存量下降了1/3，这比1867年以来美国货币存量下降幅度的最大值的3倍还多。美国有1/5的商业银行由于财务困难而停业，这在美国历史上也是史无前例的。因此，这些现象表明，当时的货币体系、银行体系已经基本崩溃。在内部金融体系基本崩溃的同时，美国也遇到外部金融体系的强烈冲击。1931年9月，英国宣布取消金本位制。英国的行动引起投资者的担忧，于是，投资者纷纷将美元资产兑换成黄金，这导致美国黄金储备迅速下降，这进一步冲击了美国的银行体系。当时，联邦储备体系为防止黄金进一步流失，在短期内迅速提高了再贴现率，这使银行从联邦储备银行的融资成本进一步上升，导致商业银行陷入困境。因此，正是由于货币金融体系的崩溃，才导致大萧条的发生。

从马克思的理论来看，货币主义者将大萧条的根源归纳为货币金融因素值得商榷。所谓金融，就是指资金融通。这种资金融通包含三层含义：首先，金融是货币流通。商品流通决定货币流通，流通中商品数量和商品价格决定了货币流通量。当货币流通量超过实体经济商品流通所需要的货币量时，就会产生通货膨胀；反之，就会产生通货紧缩。通货膨胀或者通货紧缩都会影响实体经济的正常运转。其次，金融是借贷资本流通。借贷

① 凯恩斯：《就业、利息和货币通论》，商务印书馆1983年版，第85页。

资本流通是为产业资本积累服务的，借贷资本所获取的利息是产业资本所创造的利润的一部分。产业资本积累的规模和方向决定了借贷资本流通的规模和方向。当借贷资本的流通渠道和规模适应产业资本发展时，就会促进产业资本发展；反之，当借贷资本流向产业资本的渠道不畅、收取的利息过高时，就会阻碍产业资本的运动。最后，金融是虚拟资本流通。虚拟资本是以股票、债券、金融衍生品等形式存在的，虚拟资本积累要服从、服务于现实再生产过程的扩大。当股票、债券、衍生品市场发展反映实体经济发展时，就会成为经济发展的“晴雨表”；反之，就会表现出很强的投机性，甚至成为赌场。

从金融的三层含义可以看出，金融本质是为实体经济服务的。当金融依托实体经济良性运转时，就会促进实体经济积累，推动实体经济发展。当金融脱离实体经济自我循环时，就会促使金融泡沫逐渐增大，引发系统性金融风险。因此，金融风险从表象上看是来自金融领域自身，但其背后反映的实质是实体经济出现问题。正是由于实体经济运行出现问题，才将问题传导到金融领域。所以，实体经济才是金融风险的“源”，金融风险是实体经济出现问题而表现出来的“流”。之所以出现美国大萧条，根源在于实体经济，货币金融体系出现的问题是实体经济在金融体系上的反映。如果说当时美国联邦储备银行的货币政策操作存在问题的话，那么，这也只是加剧了经济大萧条的程度，延长了经济大萧条发生的时间，但它本身不能成为大萧条的根源。

三、需求不足型经济产生原因分析

因此，之所以发生美国大萧条，根源还在于实体经济，在于资本主义社会基本矛盾，即生产社会化和生产资料私人占有之间的矛盾。生产的社会化导致生产力的快速发展，但是，生产出来的成果却只是归少数人所有。这种生产和分配之间的矛盾是经济危机发生的根源。马克思指出："分配形式只不过是从另一个角度看的生产形式。构成资产阶级分配的界限的特征——也就是特殊的局限性——作为控制生产和支配生产的规定性加入生产本身。但是，资产阶级的生产，由于它本身的内在规律，一方面不得不这样发展生产力，就好像它不是在一个有限的社会基础上的生产；另一方面它又毕竟只能在这种局限性的范围内发展生产力，——这种情况是危机的最深刻、最隐秘的原因，是在危机中爆发的种种矛盾的最深刻、最隐秘的原因，资产阶级的生产就是在这些矛盾中运动，这些矛盾，即使粗略地看，也表明资产阶级生产只是历史的过渡形式。"①

经济危机在现象上表现为产能严重过剩。产能过剩从根本上说，与资本主义生产与分配之间的矛盾有着密切的关系。马克思指出："'社会需要'，也就是说，调节需求原则的东西，本质上是由不同阶级的互相关系和它们各自的经济地位决定的，因而也就是，第一是由剩余价值和工资的比率决定的，第二是由剩余价值所分成的不同部分（利润、利息、地租、赋税等）的比率决定的。"②在资本主义社会，生产和分配之间存在着深刻的矛盾。"进行直接剥削的条件和实现这种剥削的条件，不是一回事。二者不仅在时间和地点上是分开的，而且在概念上也是分开的。前者只受社会生产力的限制，后者受不同生产部门的比例关系和社会消费力的限制。但是社会消费力既不是取决于绝对的生产力，也不是取决于绝对的消费力，而是取决于以对抗性的分配关系为基础的消费力；这种分配关系，使

① 马克思：《剩余价值理论》，《马克思恩格斯全集》（第35卷），人民出版社2008年版，第88页。

② 马克思：《资本论》（第3卷），人民出版社2004年版，第202页。

社会上大多数人的消费缩小到只能在相当狭小的界限以内变动的最低限度。其次，这个消费力还受到追求积累的欲望、扩大资本和扩大剩余价值生产规模的欲望的限制……因此，市场必须不断扩大，以致市场的联系和调节这种联系的条件，越来越采取一种不以生产者为转移的自然规律的形式，越来越无法控制。”[①]因此，生产与分配之间的矛盾是导致产能过剩的根本原因。

投资不足根源在于利润不足。利润是投资的来源。当利润不足时，投资才会不足。在资本主义社会，利润率从长期看存在下降趋势。这是因为资本主义社会存在资本有机构成提高的趋势，因此，在资本有机构成提高的条件下，利润率从长期看处于下降趋势。这里利润和投资构成了一个循环往复的关系：当利润不足时，企业会减少积累，这会导致投资下降，投资下降会导致利润进一步下降。

消费不足，一方面，来源于资本家和工人之间的对抗性的分配关系。工人在收入分配中处于被动地位，资本家处于主动地位。当投资不足时，这往往意味着企业效益不好，会严重影响工人的收入，从而导致工人收入不足，收入不足导致工人的消费不足。同时，企业利润不佳，资本家自身的收入也会减少，这会导致其减少消费尤其是奢侈品的消费，从而导致消费不足。另一方面，之所以消费不足，也与技术进步有密切关系。追求技术进步往往意味着资本家提高资本有机构成，采用“机器换人”的生产模式，这会导致大批工人失业，从而进一步加剧了工人的消费不足。

信用制度是产生资本主义经济危机的主要杠杆。信用是指借贷行为，是以偿还为条件的价值的特殊运动。资本主义信用制度的发展具有二重性：一方面，它有积极作用。它促进了利润率平均化，减少了流通费用，

---

①《马克思恩格斯文集》(第7卷)，人民出版社2009年版，第272–273页。

促进股份公司的发展，为经济迅速发展筹集大量资本，促进资本集中和经济全球化，从而推动了社会生产力的发展。“信用制度加速了生产力的物质上的发展和世界市场的形成；使这二者作为新生产形式的物质基础发展到一定的高度，是资本主义生产方式的历史使命。”[①]另一方面，信用制度的发展有其消极作用。有了信用制度，资本家能够迅速筹集资金扩大生产规模，这为危机的爆发和扩大提供了基础。信用制度能够造成流通假象，使人以为商品价值通过流通过程提前实现，这在一定程度上掩盖了生产过剩；信用制度能够分配和再分配货币资本，从而为资本主义盲目扩大再生产创造条件；信用制度能够忽略生产过程，将资本主义生产演变为挣钱的游戏，从而把资本主义生产的动力“发展成为最纯粹最巨大的赌博欺诈制度”[②]。因此，信用制度是生产过剩的主要杠杆。

总的来看，需求不足型经济表现为产能相对过剩，表现为投资不足和消费不足。要从资本有机构成、劳资分配关系和资本积累出发，也就是从生产角度和分配角度的矛盾运动出发分析投资不足和消费不足。信用制度只是加剧了经济危机，而不能产生经济危机。

第三节　治理思路

要治理需求不足型经济，有两种思路：第一种是增加总需求。通过增加总需求来刺激投资和消费，从而逐步减轻生产过剩。第二种是压缩总供给。通过减少供给使供求逐步实现平衡。从大萧条的治理思路来看，美国

① 《马克思恩格斯文集》（第7卷），人民出版社2009年版，第500页。
② 《马克思恩格斯文集》（第7卷），人民出版社2009年版，第500页。

主要采用第一种思路来应对危机。

一、美国大萧条时期的治理思路

为应对大萧条，美国政府采用扩张性的投资政策和消费政策，试图将经济从大萧条中拉出来。

第一，建立国有企业，增加就业，刺激消费。为解决失业问题，美国成立了公共工程管理局、联邦紧急救援署、平民保育团、土木工程署等大批组织。这些组织雇佣大量失业者，主要从事医院、学校、机场、公路等公共事业建设。在这些组织中，比较典型的例子是成立田纳西河流域管理局，由它负责美国南部大部分地区的供电，改善田纳西河的航运，发展田纳西河的工业和农业。田纳西河流域管理局很好地完成了政府赋予的各项任务。1935年，美国通过了《社会保障法》，建立了以国民个人缴费为基础的社会保障计划。该计划通过社会保险稳定经济，从而刺激了居民消费。

第二，促进工农业振兴。农业方面，为解决农产品过剩，1933年通过了《农业调整法》。该法案指示农业部成立农业调整管理局，以规制商品生产并负责征收农产品加工税。当时，美国直接销毁棉花，屠宰数百万头猪崽，从而减缓产能过剩。工业方面，1933年美国国会通过了《国家工业复兴法》，暂时中止了《反托拉斯法》。这使企业可以实施价格垄断，从而增加企业利润。

第三，采用扩张性的货币政策刺激投资。1933年，美国通过行政令，要求居民将黄金交到联邦储备银行以换取其他货币。1934年，美国通过《黄金储备法》，将美元兑换黄金的价格从之前的20.67美元每盎司调整为35美元每盎司。美元贬值导致通货膨胀，有利于减轻债务，刺激投资。

二、治理效果评价

总的来看，美国政府采用国家干预经济的思路来应对经济危机，效果是显著的。1933年美国GDP跌到572亿美元后逐渐增加，1937年达到930亿美元，经济逐渐摆脱萧条，随后，在第二次世界大战的刺激下，1940年达到1029亿美元，1941年达到1293亿美元。[①]同时，从价格水平来看，假设1926年商品零售价格指数为100.0，1932年该价格指数为64.8，经济表现为极度的通货紧缩，随后，价格水平逐渐上升，从1934年的74.9上升到1935年的80.0，并在1942年达到98.8，1943年达到103.1。[②]因此，美国经济在罗斯福新政的调控，特别是在二战的刺激下，终于摆脱了通货紧缩，实现了经济复苏。

与美国形成鲜明对比的是，其他资本主义国家则采用战争的方式来应对危机，这导致第二次世界大战的爆发。据估计，二战导致9000多万人伤亡。二战结束后，一大批社会主义国家崛起，“一球两制”在二战后确立。在美国主导下，二战后成立的联合国、国际货币基金组织、世界银行、关贸总协定等国际经济组织成为占主导地位的国际政治经济组织。因此，美国爆发并蔓延到全世界的经济大萧条重新改写了世界政治经济格局。

可见，不论是供给不足型经济，还是需求不足型经济，不同国家的政府都要从该国具体经济形势出发，采取合适的调控政策，促使经济逐渐走向平衡。如果处理不当，就会导致一国经济金融体制崩溃、国家解体和世界经济政治版图的重新调整。

① 数据来源：www.bea.gov。

② 数据来源：Statistical Abstract of the United States 1944–45：P416。

第六章　投资推动型经济

我国是投资推动型经济的代表。本章以我国为例，说明该种类型经济的表现形式、成因及其治理对策。

第一节　表现形式

我国经济在1978—2007年都属于Ⅰ型经济。1978—1997年属于转型时期的供给不足型经济，2002—2007年属于市场经济条件下的供给不足型经济，1998—2001年属于这两种供给不足型经济的转换期。通过核算我国的不变资本、可变资本和剩余价值，可以认为，我国经济从2008年开始进入投资推动型经济状态。

一、我国c、v、m和价格指数的核算

1. c的核算

这里，采用中间投入代表不变资本c。[①]中间投入是指常住单位在生产或提供货物与服务过程中，消耗和使用的所有非固定资产货物和服务的价值。从我国统计年鉴中的投入产出表可以查到2007年、2010年、2012年、2015年和2017年的中间投入数据，采用插值法，将2008年、2009年、2011年、2013年、2014年、2016年数据补上。[②]

2. v的核算

采用劳动者报酬代表可变资本v。劳动者报酬是指劳动者从事生产活动所获得的全部报酬，既包括货币形式的报酬，也包括实物形式的报酬，主要有工资、奖金、津贴和补贴等。因此，用劳动者报酬可以较好地反映可变资本的变化。

3. m的核算

采用生产税净额和营业盈余之和代表剩余价值m。生产税净额是指生产税减去生产补贴后的差额。其中，生产税是指政府对生产单位从事

---

① MPS体系在核算不变资本时，只考虑五大行业（农业、工业、建筑业、运输业、商业）耗费的不变资本价值。由于当前国际上统一采用SNA体系核算国民经济，无法从MPS体系中查到物质资料生产行业的不变资本数据。故本书采用SNA体系中的投入产出表来分析不变资本投入。在投入产出表分析中，如果采用所有行业的中间投入加固定资产折旧之和来衡量不变资本，会高估不变资本数据。如果采用五大行业的中间投入加固定资产折旧之和衡量不变资本，则其他行业的中间投入、固定资产折旧、劳动者报酬都将纳入剩余价值范畴，这会导致剩余价值的数据远高于采用所有行业生产税净额和营业盈余之和计算的剩余价值；同时，采用这种方法衡量不变资本，与后文中其他国家的数据也难以比较。故本书采用所有行业的中间投入来衡量不变资本。这种衡量方法，其所测算的数值小于采用所有行业的中间投入加固定资产折旧之和所测算的不变资本数据，而更接近于采用MPS体系所测算的不变资本数据，同时，又有利于进行国际比较。

② 数据来源：2007年数据来源于《中国统计年鉴2012》；2010年数据来源于《中国统计年鉴2013》；2012年数据来源于《中国统计年鉴2015》；2015年数据来源于《中国统计年鉴2018》；2017年数据来源于《中国统计年鉴2019》。下面的可变资本、剩余价值与不变资本的数据来源相同，也是采用插值法将其余年份数据补上。

生产、销售和经营活动，以及因从事生产活动使用某些生产要素（如固定资产和土地等）所征收的各种税收、附加费和其他规费。生产补贴则相反，它是政府为影响生产单位的生产、销售及定价等生产活动而对其提供的无偿支付，包括农业生产补贴、政策亏损补贴、进口补贴等。营业盈余是指常住单位创造的增加值扣除劳动者报酬、生产税净额和固定资产折旧后的余额。因此，生产税净额相当于政府部门分割的剩余价值；营业盈余相当于企业部门所获得的剩余价值。两者相加，相当于工人所创造的剩余价值。

4. GDP价格指数的核算

GDP价格指数=GDP总量指数/GDP物量指数。GDP总量指数、GDP物量指数根据《中国统计年鉴2019》数据计算得出。

核算结果如表6-1所示。

表6-1　2008—2017年我国c、v、m及GDP价格指数

单位：亿元人民币

年份	不变资本c	可变资本v	剩余价值m	GDP价格指数（上年=100）
2008	651542	137035	131610	107.8
2009	750269	164022	144479	99.9
2010	848996	191009	157348	107.0
2011	956911	227572	179166	108.2
2012	1064827	264134	200984	102.4
2013	1176949	294126	213868	102.2
2014	1289071	324118	226752	100.8
2015	1401192	354110	239635	99.6
2016	1417855	388689	264629	101.3
2017	1434518	423268	289622	104.4

二、核算结果

根据表6–1，可以分析我国的积累率和消费率、投资变化和消费变化。

（一）我国积累率和消费率分析

根据前面积累率和消费率的定义，可知$s_t=\Delta c_t/(v_{t-1}+m_{t-1})$，消费率$x_t=1-s_t$。根据上述分析，可知我国积累率和消费率数据如表6–2所示。

表6–2　2009—2017年我国积累率和消费率

单位：%

年份	积累率	消费率
2009	36.75	63.25
2010	32.00	68.00
2011	30.98	69.02
2012	26.53	73.47
2013	24.11	75.89
2014	22.07	77.93
2015	20.35	79.65
2016	2.81	97.19
2017	2.55	97.45

因此，从数据可以看出，2009—2017年我国平均积累率为22.02%，平均消费率为77.98%。同期全球平均积累率为3.54%，平均消费率为96.46%[①]，我国积累率远高于全球同期水平。

（二）我国的投资变化和消费变化

投资变化$\Delta I=c_t-c_{t-1}$；消费变化$\Delta X=(v_t+m_t)-(v_{t-1}+m_{t-1})$。利用表6–1数据，可以得出我国的投资变化和消费变化，如表6–3所示。

① 全球积累率和全球消费率数据参见第八章第一节的核算结果。

表 6-3　2009—2017 年我国投资变化和消费变化

单位：亿元人民币

年份	ΔI	ΔX
2009	98727	39856
2010	98727	39856
2011	107916	58381
2012	107916	58381
2013	112122	42876
2014	112122	42876
2015	112122	42876
2016	16663	59573
2017	16663	59573

由表6-3可知，2009—2017年我国投资平均变化量为86997亿元，消费平均变化量为49361亿元。ΔI>ΔX。同时，2009—2017年我国GDP价格指数平均上涨幅度为2.9%，价格总体呈现温和上涨态势。

因此，综合我国投资率、积累率、投资消费变化和价格变化，总体上可以认为我国经济呈现投资推动型状态。

三、投资推动与投资品过剩、投资品价格下跌

从现象上看，经济进入Ⅱ型状态，意味着投资过多，社会出现投资品过剩。从国家发布的政策文件可以看出，我国投资品行业存在产能过剩现象。2013年发布的《国务院关于化解产能严重过剩矛盾的指导意见》指出，受国际金融危机的深层次影响，国际市场持续低迷，国内需求增速趋缓，我国部分产业供过于求矛盾日益凸显，传统制造业产能普遍过剩，特别是钢铁、水泥、电解铝等高消耗、高排放行业尤为突出。2012年底，我国钢铁、水泥、电解铝、平板玻璃、船舶产能利用率分别仅为72.0%、

73.7%、71.9%、73.1%和75.0%，明显低于国际通常水平。钢铁、电解铝、船舶等行业利润大幅下滑，企业普遍经营困难。2016年发布的《国务院关于钢铁行业化解过剩产能实现脱困发展的意见》提出，在近年来淘汰落后钢铁产能的基础上，从2016年开始，用5年时间再压减粗钢产能1亿~1.5亿吨，严禁新增产能。同年，国务院发布《国务院关于煤炭行业化解过剩产能实现脱困发展的意见》，提出在近年来淘汰落后煤炭产能的基础上，从2016年开始，用3~5年的时间，再退出产能5亿吨左右、减量重组5亿吨左右，较大幅度压缩煤炭产能，适度减少煤矿数量，煤炭行业过剩产能得到有效化解。

在投资品产能过剩的条件下，投资品价格会下跌。从2012年3月到2016年8月，我国工业生产者出厂价格指数在长达54个月的时间内都保持在100以下。其原因就在于投资品供过于求，经济出现结构性过剩。这种过剩与需求不足型经济条件下的完全产能过剩存在区别。Ⅱ型经济中，不存在全面的产能过剩，只是存在局部的产能过剩。投资品过剩不等于完全产能过剩。从数据看，从2012年3月到2016年8月，同期居民消费价格指数始终保持在100以上，这说明，我国消费品的供求形势保持正常。因此，经济并没有进入Ⅲ型状态。

第二节　成因分析

之所以我国经济会形成投资推动型经济，与我国社会主义市场经济体制有着密切关系。1992年，党的十四大提出以建立社会主义市场经济体制作为经济体制改革的目标，2004年，党的十六届三中全会提出完善社会主义市场经济体制的目标。社会主义市场经济体制建立和不断完善的过程是我国投资推动型经济状态逐步形成和完善的过程。目前看来，社会主义市场经济体制有两层含义：一是具有世界各国市场经济体制的一般特点，它要以企业为市场主体，有政府的宏观调控，这是世界各国的共同点。二是具有中国特色，这种中国特色表现为政府的主导、地方政府的行政性竞争和国有企业的主体地位。因此，社会主义市场经济体制就是政府主导+地方政府的行政性竞争+国有企业主体地位构成的"三位一体"的市场经济体制。这种"三位一体"的社会主义市场经济体制是我国保持高投资率的关键要素。

一、政府主导与高投资率

在这种"三位一体"的体制中，政府处于强势地位。这里的政府是广义的政府，是在党的领导下的政府。我国政治体制的核心是坚持中国共产党的领导。正如党的十九大指出的，党政军民学，东西南北中，党是领导一切的。这使我国的政治体制与外国的多党制政治体制存在显著不同。正是由于党是领导一切的，这就决定了政府对经济所肩负的责任要远大于外国政府对经济所肩负的责任。

改革开放以来，我国历届政府都把经济建设作为一切工作的中心。邓小平指出："不坚持社会主义，不改革开放，不发展经济，不改善人民生活，只能是死路一条。"[①]江泽民在党的十四大报告中指出："我国经济能不能加快发展，不仅是重大的经济问题，而且是重大的政治问题。"[②]胡锦涛

① 邓小平：《在武昌、深圳、珠海、上海等地的谈话要点》，《邓小平文选》（第三卷），人民出版社1993年版，第370页。

②《加快改革开放和现代化建设步伐　夺取有中国特色社会主义事业的更大胜利》，《江泽民文选》（第一卷），人民出版社2006年版，第224页。

指出："树立和落实科学发展观，这是二十多年改革开放实践的经验总结，是战胜非典疫情给我们的重要启示，也是推进全面建设小康社会的迫切要求。"①党的十九大报告指出："发展是解决我国一切问题的基础和关键，发展必须是科学发展，必须坚定不移贯彻创新、协调、绿色、开放、共享的发展理念。"②

以经济建设为中心，就要追求经济高质量发展。经济要高质量发展，就必然要求有较快的发展速度。这就必然要求有比较高的投资率。只有这样，才能保证我国经济发展可持续发展。所以，我国经济发展的政治体制决定了我国必然把追求高投资率作为经济发展的基础手段。这是我国经济发展具有投资冲动的深层原因。

二、地方政府行政性竞争与高投资率

政府要追求高投资率，就必然要求政府自身的领导体制适应高投资的发展。我国地方政府的运转机制保证了这种高投资率的经济活动能够持续进行。

首先，各个地方政府都高度重视招商引资。各个地方政府为吸引资金和项目到本地落地，可以说是费尽心血，其间竞争的激烈程度是西方发达国家政府难以想象的。西方发达国家政府由于更多遵循新自由主义经济思想，对企业投资活动不会加以太多干涉，这就必然导致其不可能在招商引资方面投入太多资源。可以用博弈论来看地方政府的招商引资。假设A国奉行自由竞争的市场经济策略，不对企业进行招商引资。

① 胡锦涛：《树立和落实科学发展观》，《胡锦涛文选》（第二卷），人民出版社2016年版，第104页。

②《决胜全面建成小康社会　夺取新时代中国特色社会主义伟大胜利》，《中国共产党第十九次全国代表大会文件汇编》，人民出版社2017年版，第17页。

B国对新进入该国的企业实行招商引资。只要企业到该国投资，它就给予优惠政策。那么，在其他条件不变的情况下，理性的企业做出的选择一定是到B国。因为B国的招商引资实际上降低了企业的成本。而一旦企业到B国投资，就会给B国带来就业、税收等各种经济好处，从而使B国有更好的资金和实力进行招商引资，这就导致资本和财富源源不断地流向B国。所以，招商引资比不招商引资对经济发展更加有利。对于我国而言，正是由于地方政府在招商引资方面的激烈竞争，才导致投资率居高不下。

同时，地方政府之所以能够招商引资，这与地方政府掌握了土地、税收等生产要素有关。许多地方政府在招商引资时，在给予大项目各种税收优惠政策的基础上，还采用低地价甚至是零地价的策略吸引投资，各级银行为与地方政府搞好关系，在相当大程度上都积极配合地方政府的招商引资策略，从而为地方政府推进投资提供便利。同时，地方政府往往以土地为抵押建立融资平台，或者通过买卖土地获得大笔土地出让收入，然后，将资金投入基础设施建设、产业发展和民生建设，从而带动投资进一步发展。

三、国有企业主体地位与高投资率

国有企业是我国重要的投资主体。在西方发达国家，其投资主体主要是私营企业，国有企业所占的比重相对较小。我国的特点在于国有企业是重要投资主体。从中央的定位来说，要使国有企业“成为党和国家最可信赖的依靠力量，成为坚决贯彻执行党中央决策部署的重要力量，成为贯彻新发展理念、全面深化改革的重要力量，成为实施‘走出去’战略、‘一带一路’建设等重大战略的重要力量，成为壮大综合国力、促进经济社会发展、保障和改善民生的重要力量，成为我们党赢得具有许多新的历史特点的伟大斗争胜利的重要力量”。[①] 2008—2017年，国有企业投资占全部固定资产投资的25.82%，国有企业投资的领域一般是关系国计民生和国家重大经济命脉的投资，对于促进我国经济发展具有重要作用。[②]

就投资属性而言，对于私有企业来说，当经济不景气时，它从利润最大化的角度出发，要减少投资；而当经济景气时，要增加投资。国有企业的定位决定了它的投资特点与私营企业不同。国有企业不仅承担经济责任，也要承担政治责任。当经济不景气时，国企要更多地为中央承担责任，它不但不能减少投资，还要增加投资，从而稳定投资、促进民生。我国政府追求的高发展目标决定了国有企业具有扩张投资的强烈属性。

因此，“三位一体”的社会主义市场经济体制是我国经济处于投资推动型经济状态的根本原因。未来，只要这些特征没有改变，我国处于并将长期处于投资推动型经济的特征就难以改变。

第三节　利弊分析

我国进入投资推动型经济状态的时间尚短，因此，要从长期角度来看这种经济状态的利弊还需要更多资料的积累。2008年，为应对国际金融危机，我国出台了“四万亿元投资”刺激计划。该计划为分析我国投资推动型经济效果提供了很好的案例。

---

① 《习近平在全国国有企业党的建设工作会议上的讲话》，新华网，http：//www.xinhuanet.com//politics/2016-10/11/c_1119697415.htm。

② 数据来源：根据《中国统计年鉴》（2009—2018）固定资产投资数据计算。

一、四万亿元投资刺激政策的产生背景

2008年，正当中央采取紧缩性政策防止经济出现过热时，国际金融危机爆发。国际金融危机对我国经济发展造成严重冲击。这表现在：

第一，外需受到严重冲击。我国进出口总值从2008年11月到2009年10月连续12个月同比增长为负值。同时，出口总值从2008年11月到2009年11月连续13个月同比增长为负值，进口总值从2008年11月到2009年10月连续12个月同比增长为负值。这对于改革开放三十年来习惯于进出口总值高速增长的中国是前所未见的。在外需受到严重冲击的情况下，经济增速也呈现下行趋势。2008年四个季度的经济增速分别为11.3%、11.0%、10.6%、9.6%，2009年第一季度增速为6.6%，经济增速下行之快，远超预期。①

第二，在经济增速下行的同时，价格也从通货膨胀转向通货紧缩。2008年4月起，商品零售价格指数呈现逐月下降趋势，从2008年4月的108.1下降到6月的107.1，8月下降到105.5，10月下降到104.6，12月下降到101.4，2009年2月价格指数下降到98.4。这意味着，商品零售价格指数呈现通缩态势。②这种急剧的价格下跌趋势，意味着商品供给大于商品需求，商品出现过剩。

第三，外商直接投资形势严重恶化。2008年和2009年连续24个月，我国外商投资项目数累计增长为负值。实际利用外商投资金额累计增长值从2008年起逐月下降，2009年12个月均为负值。③

第四，就业形势高度严峻。外需形势的急剧恶化，导致就业出现严重挑战。至于影响的大小，不同的数据来源有相当大的差别。陈锡文在

---

① 数据来源：http：//www.stats.gov.cn/。

② 数据来源：http：//www.stats.gov.cn/。

③ 数据来源：http：//www.stats.gov.cn/。

2009年2月2日国务院新闻办举行的新闻发布会上透露，由农业部组织的一次抽样调查中，一共调查了农民工输出比较多的15个省150个村。到年前（春节前）大概返乡的农民工占到38.5%。在返乡的农民工中间，有60.4%的农民工是正常的春节回家探亲，也就是他在城市的工作仍然是保留着的，节后他会回去正常上班。也就是说返乡农民工中，有39.6%的人是属于失去了工作或者还没有找到工作就返乡了。根据这个数字推算，在1.3亿名外出就业的农民工中，总量来看，有15.3%的农民工现在失去了工作或者没有找到工作。按照15.3%这个数量推算1.3亿名外出就业的农民工中，大约有2000万名的农民工由于经济不景气失去工作或者还没有找到工作就返乡了。[①]国家统计局原党组书记、局长马建堂在2008年国民经济运行情况新闻发布会上介绍说："根据国家统计局对几个典型农民工输出大省的调查，截止到目前，外出打工农民工回家的比例大概占1/4。在回家的农民工中，约有40%是为了和家人团圆过年；约20%确实是因为所在的工厂受到金融危机冲击停产、半停产而回家；另外的约40%回家的农民工是由于各种原因，如回乡创业、办事等。"[②]2008年外出农民工14041万人，2009年春节后，在返乡的7000万名农民工中，1100万人仍处于寻找工作状态。[③]根据中国社会科学院2009年6月11日发布的《2009年中国大学生就业报告》，2008届大学毕业生半年后的就业率约为86%，较2007年下降两个百分点，毕业半年后失业的大学毕业生达到73.56万人。[④]农民工失业和严峻的大学生就业形势对我国经济稳定和社会稳定造成严重挑战。

① 国务院新闻办公室新闻发布会：陈锡文谈《中共中央 国务院关于2009年促进农业稳定发展农民持续增收的若干意见》，2009年2月2日。

② 国务院新闻办公室新闻发布会：2008年国民经济运行情况新闻发布会，2009年1月22日。

③ 数据来源：http://www.gov.cn/gzdt/2009-03/25/content_1268173.htm。

④ 数据来源：http://www.china.com.cn/news/zhuanti/09dxsjy/2009-07/21/content_18178253.htm。

二、四万亿元投资刺激政策的主要内容

为应对国际金融危机，我国出台了为期两年的“四万亿元投资”刺激计划。这四万亿元投资中，中央政府投资11800亿元，带动地方政府、银行、企业投资，共同完成四万亿元的投资计划。四万亿元投资大约一半的比例投向铁路、公路、机场等重大基础设施领域建设，其余资金投向保障性安居工程、农村民生工程、社会事业、节能减排和生态建设、自主创新和产业结构调整、地震灾后恢复重建。为引导投资，调整产业结构，国家制定并实施钢铁、汽车、船舶、石化、纺织、轻工、有色金属、装备制造业、电子信息，以及物流业十大重点产业调整振兴规划。

与“四万亿元投资”刺激计划相配合，我国实施积极的财政政策和适度宽松的货币政策，多次提高出口退税率，下调金融机构存贷款基准利率、存款准备金率，暂免储蓄存款利息个人所得税，下调证券交易印花税，降低住房交易税费，加大对中小企业信贷支持。同时，不断增加货币供应量发行，2009年和2010年M2增速达到28.42%和18.95%。①

三、四万亿元投资刺激政策的效果分析

四万亿元投资取得一定效果：

第一，从经济增速上看，2009年第一季度我国经济增速为6.6%，随后，我国经济季度增速开始回升，从2009年第一季度的6.6%上升到第三季度的8.2%，进而上升到2010年第一季度的12.1%。随后，我国季度GDP增速开始回落，从2010年第二季度的11.2%一路下行，到2011年第一季度跌破10.0%的增速，从2012年第一季度开始，就下滑到8.0%以下的增速，我国

① 数据来源：根据《中国统计年鉴2017》货币供应量数据计算。

经济增速从高速增长转向中高速增长。[①]可见，4万亿元刺激政策的效果持续时间大约是三年，到2012年，4万亿元刺激政策的效果就逐渐减弱。

第二，从价格水平来看，在四万亿元投资政策的刺激下，我国工业生产者出厂价格指数保持了较高的增速。但是，从2011年11月开始，该指数迅速下降，2012年2月，该指数下降到100.0这个分界点，2012年3月开始下降到100.0以下，经济刺激政策的负面效应开始显现。从商品零售价格指数来看，在经济强刺激政策的引导下，2011年7月，商品零售价格指数达到106.1的高位。随后，该指数逐渐下降，2012年5月该指数下降到103.0以下，然后，就在103.0的下方运行。[②]

第三，从对就业的拉动情况来看，2003—2007年，我国的登记失业率呈现下降趋势。2007年，我国登记失业率为4.0%，2008年，国际金融危机的冲击导致我国登记失业率上升到4.2%，2009年，登记失业率进一步上升到4.3%，在四万亿元投资刺激政策的作用下，2010—2012年我国登记失业率下降到4.1%，四万亿元投资对于稳定我国就业起到重要作用。[③]

因此，四万亿元投资作为我国宏观调控的非常举措，对于应对国际金融危机对我国的冲击起到了非常重要的作用。从经济状态的角度来看，它实际上是通过扩张性的投资政策稳定经济状态，从而防止我国经济转为需求不足型状态。但是，这种刺激性政策导致我国投资品产能过剩，它使我国经济从2014年起进入新常态。

---

① 数据来源：http：//www.stats.gov.cn/。

② 数据来源：http：//www.stats.gov.cn/。

③ 数据来源：http：//www.stats.gov.cn/。

第七章　消费拉动型经济

消费拉动型经济特征是投资品生产所占的比重小，经济主要依靠消费来拉动。通过核算美国1992—2017年的不变资本、可变资本和剩余价值数据，可以认为美国在该时间段的经济状态表现为消费拉动型。下面以美国为例，说明该种经济状态的特征、成因及其效果。

第一节　表现形式

美国经济在1929—1933年时为Ⅲ型状态。经过实施国家干预主义和第二次世界大战的刺激，美国经济从Ⅲ型状态转变为Ⅳ型状态。就体制层面而言，二战后，美国的基本经济体制都是在国家宏观调控下以私营企业为主体的资本主义市场经济。当然，不同时代的政府和市场的关系有所区别。20世纪80年代以前，国家宏观调控的力度相对更大；20世纪80年代以后，随着新自由主义思潮在美国的兴起，国家宏观调控的力度相对变小。但是，不管政府和市场的关系如何调整，美国的基本经济体制是稳定的。本章以1992年为起点分析美国的经济状态。之所以将1992年确立为分析起点，主要是为了与第八章的全球经济状态分析起点保持一致。

一、美国c、v、m和价格指数的核算

1. c、v和m的核算

这里，用中间投入代表不变资本c。[①]采用劳动者报酬代表可变资本v。采用总营业盈余和生产税净额之和表示剩余价值。[②]

2. GDP价格指数的核算

GDP价格指数=GDP总量指数/GDP物量指数。GDP总量指数、GDP物量指数根据美国GDP数据计算得出。[③]

核算结果如表7-1所示。

表7-1　美国1992—2017年c、v、m和价格指数

单位：亿美元

年份	不变资本c	可变资本v	剩余价值m	GDP价格指数（上年=100）
1992	48174	36712	17729	102.3
1993	51600	38206	18785	102.4
1994	54954	40102	20815	102.1
1995	59516	42022	22222	102.1
1996	63293	44211	24187	101.8
1997	67469	47132	26134	101.7
1998	70821	50757	27326	101.1
1999	75842	54099	28550	101.4

① 数据来源：http：//data.un.org/。

② 数据来源：www.bea.gov。

③ 数据来源：www.bea.gov。

续表

年份	不变资本c	可变资本v	剩余价值m	GDP价格指数（上年=100）
2000	82798	58546	29830	102.3
2001	82413	60463	30491	102.2
2002	81975	61434	32077	101.5
2003	86244	63623	33905	101.9
2004	94224	67293	36847	102.7
2005	104212	70777	40430	103.1
2006	110321	74913	44071	103.1
2007	116737	78894	42920	102.7
2008	121071	80687	41025	101.9
2009	102385	77672	41181	100.8
2010	111291	79330	46071	101.2
2011	124569	82340	48874	102.1
2012	129898	85754	52870	101.9
2013	135065	88436	54203	101.8
2014	141836	92586	57452	101.9
2015	138668	97079	58488	101.0
2016	140692	99689	58747	101.1
2017	149602	104206	60918	101.9

二、核算结果

根据表7-1，可以得出美国的积累率和消费率、投资消费变化情况。

（一）积累率和消费率

积累率$s_t=\Delta c_t/(v_{t-1}+m_{t-1})$，消费率$x_t=1-s_t$。根据表7-1，可以得到美国积累率和消费率数据如下：

表 7–2　美国 1993—2017 年积累率和消费率

单位：%

年份	积累率	消费率	年份	积累率	消费率
1993	6.29	93.71	2006	5.49	94.51
1994	5.88	94.12	2007	5.39	94.61
1995	7.49	92.51	2008	3.56	96.44
1996	5.88	94.12	2009	–15.35	115.35
1997	6.11	93.89	2010	7.49	92.51
1998	4.57	95.43	2011	10.59	89.41
1999	6.43	93.57	2012	4.06	95.94
2000	8.42	91.58	2013	3.73	96.27
2001	–0.44	100.44	2014	4.75	95.25
2002	–0.48	100.48	2015	–2.11	102.11
2003	4.57	95.43	2016	1.30	98.70
2004	8.18	91.82	2017	5.62	94.38
2005	9.59	90.41			

从表7–2可以看出，1993—2017年美国平均积累率为4.28%，平均消费率为95.72%。2009—2017年美国平均积累率为2.23%，平均消费率为97.77%。美国同期积累率低于我国，消费率高于我国。

（二）新增投资和新增消费变化

利用核算结果，可以算出美国投资变化和消费变化，如表7–3所示。

表 7–3　美国 1993—2017 年投资变化和消费变化

单位：亿美元

年份	ΔI	ΔX	年份	ΔI	ΔX
1993	3427	2550	2006	6109	7777
1994	3353	3926	2007	6416	2830
1995	4562	3327	2008	4334	–102

续表

年份	ΔI	ΔX	年份	ΔI	ΔX
1996	3778	4154	2009	−18686	−2859
1997	4176	4869	2010	8906	6548
1998	3352	4817	2011	13278	5813
1999	5021	4566	2012	5329	7410
2000	6956	5727	2013	5167	4016
2001	−385	2578	2014	6771	7398
2002	−438	2557	2015	−3168	5530
2003	4269	4017	2016	2024	2868
2004	7979	6611	2017	8910	6688
2005	9988	7067			

1993—2017年美国的投资平均变化量是4057亿美元，消费平均变化量是4427亿美元。ΔI<ΔX。同时，从GDP价格指数可以看出，1993—2017年美国平均通货膨胀率为1.9%，表现为温和的通货膨胀。这说明社会总需求总体大于社会总供给，经济总体呈现上行状态。从投资率、消费率、投资变化、消费变化和价格指数可以看出，美国经济总体呈现消费拉动型状态。

第二节 成因分析

从现象看，美国之所以能保持如此高的消费率，原因如下。

一、美国产业空心化导致国内投资机会缺乏

二战后，美国经济进入后工业化时代。美国国内劳动力价格在逐渐上升，美国企业的劳动生产率提升难以抵消劳动力成本的上升，这导致大批

企业撤离美国，转移到成本更低的发展中国家，在发展中国家设立生产基地，美国经济脱实向虚的趋势明显，虽然政府采取各种措施力图让制造业回流美国本土，但总的看，制造业在整个国民经济中所占的份额在不断下降。

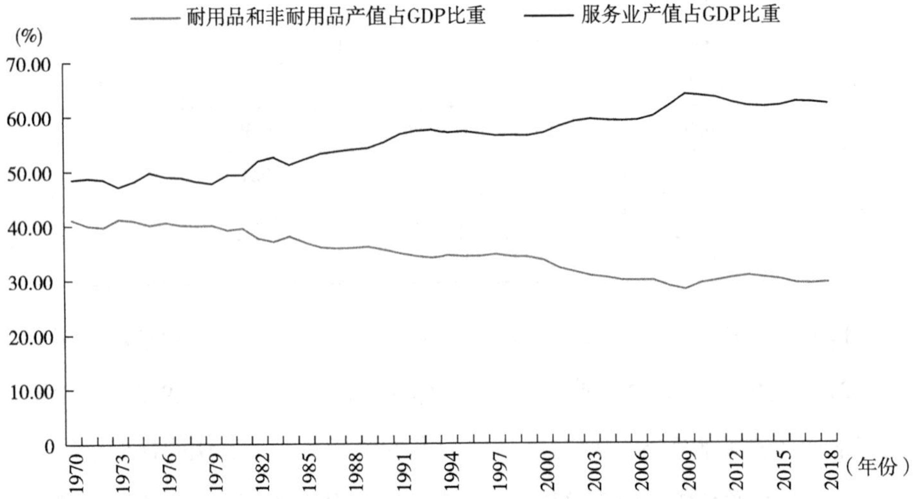

图 7-1　1970—2018 年美国商品和服务产值占 GDP 比重

如图 7-1 所示，该图反映了 1970—2018 年美国商品和服务产值占 GDP 比重的变化趋势。从图中可以看出，自 1970 年以来，服务业占美国 GDP 比重呈现稳步上升趋势。从 1970 年的 48.49% 逐步上升，1982 年突破 50.00%，到 2008 年突破 60.00%。在服务业产值在 GDP 所占比重不断上升的同时，耐用品和非耐用品产值在 GDP 中所占的比重却在下降，从 1970 年的 41.10% 逐步下降到 2005 年的 29.85%，随后，该数值就在 30.00% 上下波动。①

制造业的没落导致美国产业门类缺失，无法实现完全的经济独立。以

① 数据来源：www.bea.gov。

苹果公司为例，苹果公司大部分产品都是中国制造的，如果回归到美国生产，恐怕找到一颗符合要求的螺丝钉都要费尽周折，更不用说建设相关的配套产业链，其所付出的成本是难以想象的。因此，制造业空心化导致美国国内缺乏有利的投资机会，这是导致其投资率下降的重要原因。

二、美国金融业高度发达导致负债型消费成为可能

在实体经济所占比重下降的同时，美国的金融业却高度发达，成为国际金融体系中的霸主。以2009年为例，美国金融业增加值占GDP比重为8.3%，该比重远高于世界其他国家金融业占GDP的比重。[①]美国的金融霸权主要表现在：第一，美元是当前最主要的国际储备货币，2001年第一季度，美元在世界各国外汇储备占比达到56%，国际金融危机后，2009年第一季度下降到37%，随后，又逐渐回升，截至2018年第四季度达到58%。[②]第二，美国金融市场高度发达。美国股票市场、债券市场、衍生品市场规模和交易量均占全球首位。第三，美国拥有一批像摩根、花旗等一样高度发达、实力雄厚的金融机构。这些金融机构具有极强的资金动员能力，对于全球金融市场走向具有重要影响。第四，美国通过控制世界银行等国际金融组织主导全球金融规则的制定。第五，虽然美联储只是美国中央银行，但美联储的一举一动对于全球金融市场有重要影响。

这种高度发达的金融业，为居民融资提供了诸多方便，从而为借贷消费、超前消费提供了可能。次贷危机充分说明了美国借贷消费的高度发达。次贷，即次级抵押贷款，是金融机构给那些信用情况较差、缺乏还款能力证明和收入证明的客户发放住房贷款。这些客户是高风险的客户，金

① 数据来源：Statistical Abstract of the United States：2012，P439。

② 数据来源：http：//data.imf.org/。

融机构之所以敢于给他们发放贷款，很重要的原因就在于美国的发达证券市场。金融机构给客户发放次级贷款后，将这些次贷打包成债券，在抵押贷款证券化市场上向保险公司、养老基金、投资银行等投资者销售，从而降低自身风险。离开了发达的金融市场，就无法开发出这类金融产品。消费者一旦获得次贷，就可以用贷款提前购买住房，从而提前消费。因此，发达的金融市场为借贷消费提供了基础条件。借贷消费提前透支了未来消费能力，导致美国个人负债规模不断攀升。

发达的金融业使居民的财富效应增加。美国居民收入的很大一部分表现为财产性收入。在财产性收入中，主要表现为房地产资产和证券类资产。美国在2008年国际金融危机爆发前，房地产市场不断发展，房地产价格不断攀升，同时，股价上升，这些都导致美国居民的财富增长，从而不断刺激消费增长。

发达的金融市场对社会保障制度的完善起到重要作用。美国在大萧条之后，开始建立社会保障制度。经过多年发展，美国已经形成了较为完善的社会保障制度。这种保障性收入免除了居民诸多后顾之忧，使居民有钱能够消费。社会保障机构出于保值增值的需要，大量进入金融市场，成为稳定和发展金融市场的重要力量，同时，社会保障机构也从金融市场获取大量的稳定收益，从而推动了社会保障制度进一步发展。

三、新自由主义指导的市场经济体制是消费拉动型经济的体制性因素

美国有着浓厚的自由主义传统。大萧条之后，虽然美国政府实行凯恩斯主义的国家干预政策，但自由主义的传统仍然根深蒂固，并逐渐演变为新自由主义。新自由主义思想的主要观点是：

一是强调民主化。新自由主义者认为由多党制、三权分立、全民选举等构成的西方民主政治制度是放之四海而皆准的政治体制，主张全世界政府都要向西方的民主政治体制靠拢。

二是强调私有化。新自由主义从经济人假设出发，论证完全竞争条件下市场运行是最有效率的，由此得出经济活动由私有制企业进行是最有效率的这一结论。从该理论出发，他们认为私有制企业比公有制企业更有效率。

三是强调自由化。斯密认为经济是由“看不见的手”来调节，强调发挥市场在资源配置中的作用。新古典主义从该观点出发，认为所有的经济活动都应该由企业和个人自主决定，反对政府干预。

这三“化”从根本上决定了美国的投资率不可能很高。

首先，由于实行民主政治体制，美国政府每4年就进行一次轮换，这就决定了政府不可能制定长远的经济发展目标，因为一旦选举失败，这些目标就难以实现，这就导致政府的经济目标具有相当大程度的短视性。特朗普政府频频“退群”，已经退出了跨太平洋伙伴关系协定、《巴黎气候协定》、联合国教科文组织、《全球移民协议》、伊核协议、联合国人权理事会、《维也纳外交关系公约》等国际组织和国际协议。这种“退群”活动反映了美国政府从短期利益出发处理国际事务的狭隘视野，它将美国行政朝令夕改的特点暴露无遗。

其次，由于强调私有化，美国国内的经济活动绝大多数是由私营企业进行的，私有产权不可侵犯。企业和个人从事经济活动，主要从自身利益出发追求利益最大化，这使那些有长期效益，对国家长远发展有好处，但对私营企业和个人利益没有好处的行业难以发展。最典型的案例是高铁建设。美国迄今为止没有高铁，其根本原因不在于资金问题，而在于体制问题。以美国加州为例，加州在2008年就宣布要修建高铁，迄今为止却始终不见高铁的影子。这里面除了技术问题、资金问题之外，最主要的是征地拆迁问题难以解决。由于征地拆迁要涉及复杂的法律程序，这使修建高铁所需要的土地迟迟不能到位，这是美国高铁难以修建的体制原因。

最后，由于强调自由化，反对政府干预，美国不可能出现我国地方政府的行政性竞争现象，美国地方政府的主要职能不是招商引资，而是提供公共服务。同时，之所以难以进行招商引资，还与美国地方政府手中缺乏资源密切相关。招商引资需要花费大量成本，美国地方政府手上没有土地资源，税收优惠要通过议会漫长的程序讨论，银行又不受地方政府控制，这种种体制性的因素导致地方政府招商引资难以有效进行。

新自由主义思想以及在此基础上建立起来的美国经济体制是导致美国投资率长期不高、消费成为拉动经济发展的深层次原因。只要这些体制机制长期存在，则美国经济主要依靠消费拉动经济增长的方式就难以改变。

第三节　利弊分析

这种消费拉动型经济，既有积极作用，也有消极作用。

一、积极作用

总的来看，美国经济保持高消费，对于推动美国经济稳定增长起到重要作用。

这里，给出了1992—2018年的美国经济增速：

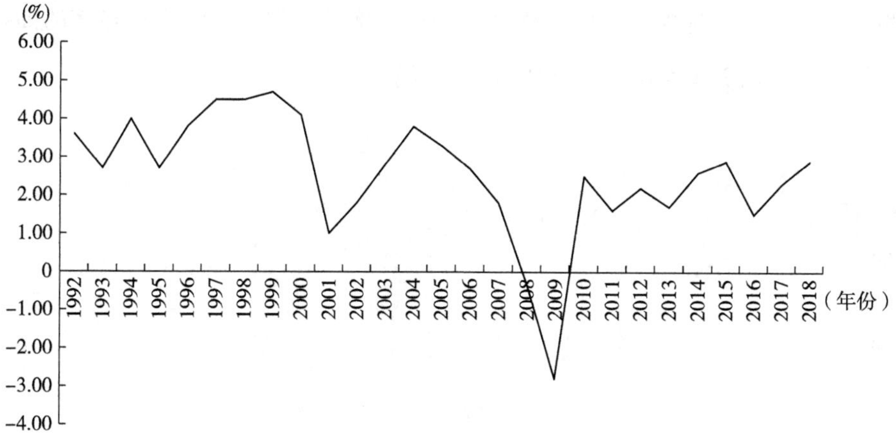

图 7-2 美国 1992—2018 年经济增速①

从图7-2可以看出，1992—2018年，美国经济平均增速是2.55%。最高点是1999年的4.70%，最低点是2009年的-2.80%，且这27年间，经济负增长只有2年时间，其余25年时间都保持正增长，因此，这种发展模式总体能够保持经济稳定增长。②

二、不利影响

在看到这种模式的积极作用的时候，也要看到这种模式存在的不利影响。

（一）无法实现经济的高速增长

由于重消费、轻投资，这就导致美国经济发展主要依靠消费品的发展，导致经济发展缺乏后劲。从原理上说，一个国家要想经济发展，就必须要扩大再生产。扩大再生产的规模越大，经济增速越快。消费拉动型经济将国民收入的大部分投入到消费中去，只有少量的国民收入用于扩大再

① 数据来源：www.bea.gov。
② 数据来源：http：//data.un.org/。

生产。因此，该种模式可以实现经济的稳定增长，但却无法实现经济的高速增长。这从美国经济占全球比重就可以看出。

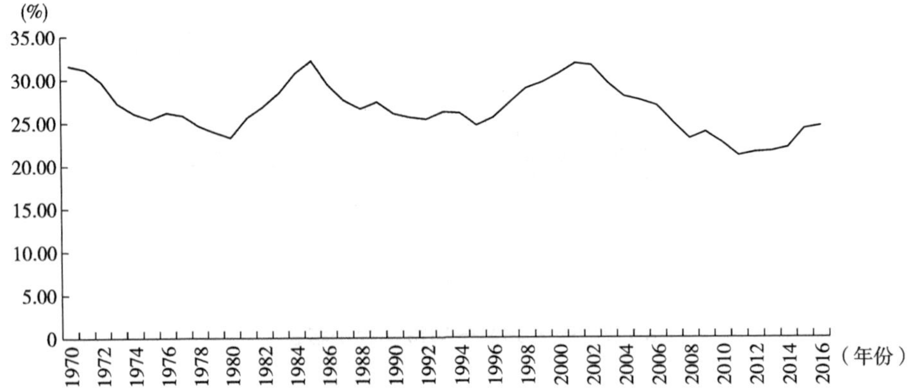

图 7-3　1970—2016 年美国经济占全球比重

从图7-3可以看出，虽然20世纪美国经济比重有所起伏，但进入21世纪后，随着中国经济的崛起，美国经济在全球的比重总的来说在下降，从1970—2000年平均占世界的27.27%下降到2001—2010年的26.99%。2010年之后，随着中国成为世界第二大经济体，2011—2016年美国经济占世界的比重进一步下降到22.51%。[①]经济在全球所占比重逐渐下降意味着美国经济在全球霸权地位的逐渐衰落。

（二）美国进出口长期呈现逆差

由于消费率高，投资不足，要想弥补投资不足，美国只能依靠从国外进口商品，这就导致美国进出口长期呈逆差状态。

① 数据来源：http：//data.un.org/。

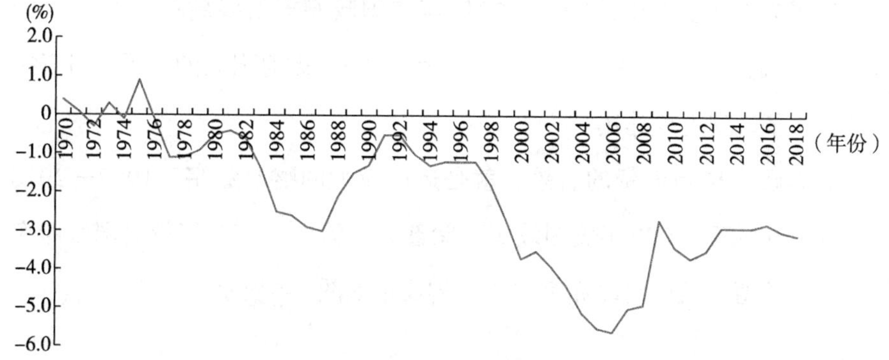

图 7-4　1970—2018 年美国净出口占 GDP 比重①

从图7-4可以看出，1970—1975年，美国曾保持进出口顺差，但从1976—2018年，美国进出口就完全保持逆差，这种逆差的比例在国际金融危机爆发前达到最高值。净出口逆差，意味着进口大于出口，会进一步降低经济增速，降低经济增长潜力。

（三）财政长期处于赤字

美国GDP构成中，政府支出占有重要地位。1992—2018年政府支出率②如图7-5所示。

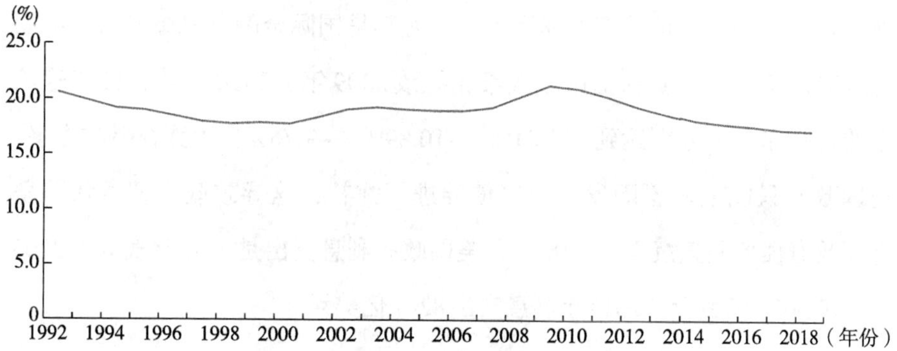

图 7-5　1992—2018 年美国政府支出率

① 数据来源：www.bea.gov。

② 政府支出率=（政府消费支出+政府投资）/GDP。

从图7–5可以看出，1992—2018年美国政府支出率最高为2010年的21.0%，最低为2018年的17.2%，平均为18.9%。政府强大的购买力对于拉高消费水平起到重要作用。①

美国政府拉高消费的后果，就是造成庞大的财政赤字。1992—2018年，除1999年和2000年美国政府净储蓄为正值外，其余年份美国政府净储蓄均为负值。美国财政赤字占GDP的比重如图7–6所示。

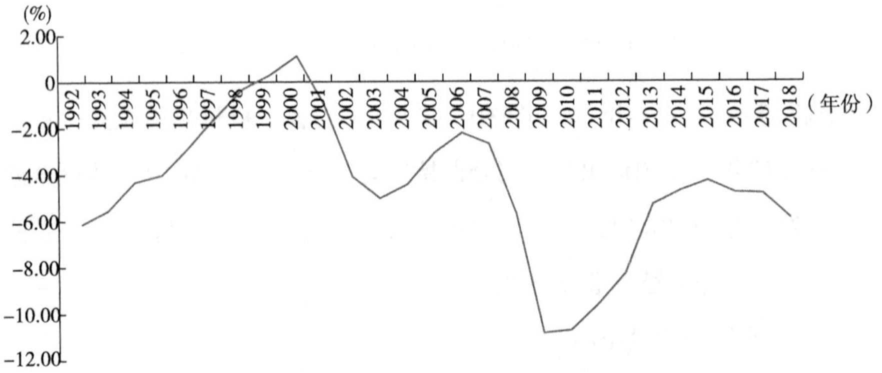

图7–6　1992—2018年美国财政净赤字率（美国政府净储蓄/GDP）②

从图7–6可以看出，美国财政赤字率除在克林顿执政时期有大幅改善外，其余年份都保持较高的赤字水平。尤其是国际金融危机爆发后，美国为应对危机，实行宽松的财政政策，导致2009年、2010年、2011年这三年的财政赤字率分别达到–11.01%、–10.89%、–9.76%。为弥补财政赤字，美国政府只能依靠不断发行政府债券进行弥补，这导致政府债务快速攀升，政府债务利息沉重。1992年，美国政府利息支出是4172亿美元，2005年突破5000亿美元，2018年利息支出8247亿美元。③

① 数据来源：www.bea.gov。
② 数据来源：www.bea.gov。
③ 数据来源：www.bea.gov。

（四）动摇美元的霸权地位

布雷顿森林体系解体后，全世界主要实行浮动汇率制，美国凭借其实力使美元实际上充当世界货币的地位。美国要向全球发行美元，就必须不断保持进出口逆差，输入商品，输出美元，从而形成全球生产—美国消费的经济模式。这种经济模式相当于美国用一张纸去免费交换全球的商品，全球其他国家在获得美元后，再拿美元去美国的金融市场投资，从而实现美元的回流。正是在这种全球生产—美国消费的模式中，其他国家增加了出口，维持了经济增长。美国消费全球其他国家生产的商品，输出美元，维持美元的全球霸权地位。由于大量商品不在美国国内生产，这就使美国能够避免生产诸多高污染、高消耗、低效益的产品，而又能获得大量物美价廉的国外商品。

因此，美国既能够维持其高消费，又将由于大规模工业生产所带来的环境污染转嫁到别国，通过美元在金融市场的回流又维持了金融霸权，可谓“一举三得”。因此，美国从这种模式中获取了巨大利益，这是美国愿意维持这种模式的根本原因。美国要维持这种模式，意味着美国净出口逆差会不断增大。一方面，会降低美国的经济增长速度，从而降低人们对美国经济的信心；另一方面，随着美国向全世界发行的美元规模越来越大，美国实质上是向全世界输出通货膨胀，这会造成美元的持续贬值，美元的长期持续贬值会动摇人们对美元的信心，从而必然冲击美元的霸权地位。因此，从长期来看，这种模式是难以维持的。

（五）导致经济危机

2008年，国际金融危机爆发。不同学者对于国际金融危机成因有不同解释。有学者认为这次国际金融危机与格林斯潘在任时推行的宽松货币政策有关。降息本身没有刺激经济，反而使美国人开始更多地贷款买房和负债消费。同时，低利率促进美国房地产市场的繁荣，美国民众对于自身不断增长的债务负担一直不以为意，从而引发金融危机。这是从货币政策的角度来解释危机。还有的学者认为金融危机的根源在于全球失衡。全球经济失衡的最关键原因是全球储蓄失衡，全球储蓄失衡的根源在于产油国和新兴市场经济体的储蓄率较高，这部分地区的资金近年持续流向了美国等低储蓄率的工业化国家，促使美国房价高涨，金融衍生品市场迅速发展，金融泡沫严重。还有的学者从综合性的角度分析国际金融危机。一是货币政策方面，宽松货币政策引发资产泡沫，而美联储未能有效应对。二是国际货币体系方面，由于主要储备货币汇率经常大幅波动，增加了国际贸易和投资中的不确定性，冲击市场信心，影响国际资本合理有序流动和实体经济活动，从而造成本次危机中国际贸易大幅下降和国际金融市场动荡。三是金融监管滞后。由于金融市场快速发展，新型金融机构和金融业务不断涌现，市场规模不断扩张，而金融监管和法律相对滞后，使得金融部门风险不断累积。四是从实体经济看，内部结构失衡和外部竞争力下降是导致危机爆发的根本原因。

国际金融危机始于次贷危机。之所以会有次贷危机，其根源还是在于美国的经济模式。美国为刺激消费，银行等金融机构将大量贷款发放给次贷贷款者，在此基础上，与次贷抵押贷款相关的按揭支持贷款、债务担保凭证等金融衍生品市场不断发展。由于次级贷款不是建立在购房者的真实收入水平基础上，而是建立在利率持续走低和房价持续走高的预期心理基础上，美国经济在2007年之后利率升高、房价下降，这就必然导致次级贷款者大规模违约，出现次贷危机。由于美国市场的全球性特征，进而引起国际金融危机。因此，美国之所以发生次贷危机，其实质还在于其为刺激消费而采取的借贷消费模式。这种过度消费虽然短期刺激了经济发展，但从长期看是难以持续的。2008年国际金融危机就是这种模式各种负面作用的总爆发。它表明，要想靠举债消费，短期可以，但从长期来看，即使像美国这种发达国家也难以持续。

因此，消费拉动型经济既有其积极作用，也有其消极作用。就美国而言，长期采取扩张性消费政策拉动消费增长，虽然促进了其经济增长，但这种模式不能保持经济的平衡状态，故其弊端也是明显的。美国经济要继续增长，也要对其模式进行改革。否则，长期维持这种模式就会爆发新一轮的经济危机。

第八章　经济状态理论综合分析

第四章到第七章对四种类型经济状态进行了分析。本章对这些状态进行汇总、综合分析。

第一节　全球经济总状态

前面四章都是分析各个国家经济状态。这里，有必要分析全球经济总状态。全球经济总状态是相对于各个国家状态而言的。各个国家经济状态是分状态，分状态加总后，就得出全球经济总状态。就当前世界经济而言，各个国家经济处于不同类型状态，如我国经济属于投资推动型，美国经济属于消费拉动型，朝鲜经济属于供给不足型。将这些不同的经济类型进行加总，就会得到全球经济所处状态。

一、分析起点

第一次工业革命促进了国际分工，把世界各国逐步卷入到全球经济体系中来，从而产生了第一次经济全球化。马克思指出：“一种与机器生产中心相适应的新的国际分工产生了，它使地球的一部分转变为主要从事农业的生产地区，以服务于另一部分主要从事工业的生产地区。”[1]这次全球化以英国为中心，建立在西方发达国家对不发达国家的殖民统治制度基础上，时间一直持续到20世纪初。

由于西方发达国家内部、宗主国和殖民地国家之间的矛盾不断累积，最终导致两次世界大战。两次世界大战后，美国取代英国成为西方发达国家的新盟主，同时，产生了一大批社会主义国家，于是开始了第二次全球化。这次全球化是建立在以美苏为首的东西方国家对立基础上，以苏联为首的社会主义国家主要实行计划经济体制，以美国为首的资本主义国家主要实行市场经济体制。

由于长期实行社会主义计划经济，导致许多社会主义国家经济处于供给不足型状态，短缺问题严重，于是，20世纪80年代末90年代初，社会主义阵营发生剧烈变化，苏联解体，东欧国家发生和平演变。1992年，我国进行社会主义市场经济体制改革。由于全球主要国家都实行市场经济体制，这使第二次全球化过程中分割的市场统一起来，开启了建立在市场经济体制基础上的第三次全球化进程。

本书将1992年确立为分析起点，分析第三次全球化进程以来的全球经济状态。

二、全球c、v、m和价格指数的核算

1. c的核算

以中间消费代表不变资本，全球不变资本核算步骤如下：

（1）核算2017年全球GDP排名前十的国家的以购买者价格计算的中间

---

① 马克思：《资本论》（第一卷），人民出版社2004年版，第519–520页。

消费。①

（2）将十国的中间消费数值分别除以这十国的GDP，从而得出十国中间消费与十国GDP的比值。

（3）将该比值乘以以美元计价的十国GDP，从而得出十国以美元计价的中间消费。

（4）计算以美元计价的十国GDP和全球GDP的比值。

（5）假定十国中间消费的比例与十国GDP占全球GDP的比重相等，于是，将十国以美元计价的中间消费除以该比值，就可以计算得出全球不变资本。②

2. v的核算

以劳动者报酬为v的指标。核算步骤与全球不变资本核算步骤相同。③

3. m的核算

以总营业盈余和生产税净额之和作为m的代表。核算步骤与全球不变资本核算步骤相同。④

4.价格指数的核算

全球GDP价格指数=全球GDP总量指数/全球GDP物量指数。⑤

核算结果如表8–1所示。

---

① 2017年全球GDP排名前十的国家是：美国、中国、日本、德国、英国、印度、法国、意大利、巴西、加拿大。之所以考虑这十个国家，是因为1992—2017年十国GDP占全球GDP平均比重为68.48%，最低为63.6%，最高为72.5%，因此，这十国加总的数据基本能代表全球经济特征。

② 数据来源：中国中间消费来源参见第六章中国不变资本的计算；以本币计价的GDP来源《中国统计年鉴2018》；美国中间消费来源参见第七章美国不变资本的计算；美国GDP来源www.bea.gov；其他数据来源http：//data.un.org/。

③ 数据来源：中国劳动者报酬来源参见第六章我国可变资本的计算，美国劳动者报酬来源参见第七章美国劳动者报酬的计算；其他数据来源于http：//data.un.org/。

④ 数据来源：中国剩余价值来源参见第六章中国剩余价值的计算，美国剩余价值的计算参见第七章美国剩余价值的计算，其他数据来源于http：//data.un.org/。

⑤ 数据来源：http：//data.un.org/。

表 8-1 1992—2017 年全球 c、v、m 和价格指数的核算

单位：亿美元

年份	不变资本 c	可变资本 v	剩余价值 m	GDP 价格指数（上年 =100）
1992	203010	136353	95235	105.1
1993	205244	138916	97314	100.3
1994	219136	146725	105210	103.6
1995	247885	160119	114152	107.6
1996	253297	162600	118312	98.8
1997	254179	162537	118193	96.0
1998	251107	163209	116768	96.9
1999	264447	169269	122073	100.6
2000	279908	175938	124743	98.7
2001	274438	175393	122465	97.5
2002	278934	179847	129094	101.8
2003	315319	199484	147395	109.0
2004	362804	221802	170119	107.9
2005	403107	238105	187046	104.3
2006	444058	257525	205226	103.8
2007	576541	284123	231421	108.2
2008	659340	313451	248853	107.7
2009	599088	302799	232010	96.4
2010	674992	324569	262210	105.0
2011	781305	358888	297234	107.8
2012	810081	370483	304340	99.7
2013	846650	381249	308625	100.2
2014	878114	392690	311363	99.6
2015	826297	375195	289722	91.9
2016	802329	382213	292443	99.1
2017	848388	414091	295105	103.0

三、核算结果

在已经得知全球不变资本、可变资本和剩余价值的情况下，可以得出全球积累率和全球消费率、全球投资变化和消费变化。

（一）全球积累率和消费率

表 8-2　1993—2017 年全球积累率和消费率

单位：%

年份	积累率	消费率	年份	积累率	消费率
1993	0.96	99.04	2006	9.63	90.37
1994	5.88	94.12	2007	28.63	71.37
1995	11.41	88.59	2008	16.06	83.94
1996	1.97	98.03	2009	-10.72	110.72
1997	0.31	99.69	2010	14.19	85.81
1998	-1.09	101.09	2011	18.12	81.88
1999	4.76	95.24	2012	4.39	95.61
2000	5.31	94.69	2013	5.42	94.58
2001	-1.82	101.82	2014	4.56	95.44
2002	1.51	98.49	2015	-7.36	107.36
2003	11.78	88.22	2016	-3.60	103.60
2004	13.69	86.31	2017	6.83	93.17
2005	10.28	89.72			

从表 8-2 可以看出：1993—2017 年全球积累率平均水平为 6.04%，全球消费率为 93.96%。

（二）全球投资变化和消费变化

利用表 8-1 数据，可得全球投资变化和消费变化。

表 8–3　1993—2017 年全球投资变化和消费变化

单位：亿美元

年份	ΔI	ΔX	年份	ΔI	ΔX
1993	2234	4642	2006	40951	37600
1994	13892	15704	2007	132483	52793
1995	28749	22337	2008	82800	46761
1996	5412	6641	2009	–60252	–27495
1997	881	–181	2010	75904	51970
1998	–3071	–754	2011	106313	69343
1999	13339	11365	2012	28776	18702
2000	15461	9340	2013	36570	15050
2001	–5470	–2823	2014	31464	14179
2002	4496	11083	2015	–51817	–39136
2003	36384	37939	2016	–23968	9739
2004	47486	45041	2017	46058	34540
2005	40303	33230			

由表 8–3 可知，1993—2017 年全球投资平均变化量为 25815 亿美元，全球消费平均变化量为 19104 亿美元。ΔI>ΔX。1993—2017 年全球 GDP 价格指数平均为 1.9%，这说明全球经济总体供求平衡。因此，综合投资变化、消费变化、价格指数，当前全球经济发展总体属于投资推动型模式。

四、全球经济再平衡分析

国际金融危机后，诸多学者开始讨论全球经济再平衡。一种观点认为全球贸易的三角关系导致全球经济失衡：即中东国家是能源提供国、中国是生产国、美国是消费国的三角贸易模式是导致全球经济失衡的原因；另一种观点认为国际失衡表现为资本和金融账户以及外汇储备为代表的国际金融往来失衡导致全球经济失衡。

这两种观点都是从国别经济的角度来讨论全球经济失衡，但局部失衡不代表全局失衡。分析全球失衡，应该将全球本身作为一个经济体进行分析，分析全球经济总状态。从总状态角度来看，这种失衡表现为投资和消费的失衡。1993—2017年，全球积累率围绕6.04%进行周期性波动，形成了资本积累—消费波动周期。正是这种全球性的波动抵消了全球经济失衡，全球经济总体看有较强的自我纠正能力。

未来推进全球经济再平衡，就要求全球要促进投资和消费的再平衡。这是全球经济再平衡的核心要义。要做到这一点，就要求全球国家共同努力：一是要努力推动技术进步。技术进步是全球经济发展的决定性力量。必须将更多资金投入到科技研发上，推动全球产业结构不断升级换代。二是要推动资本和劳动力在全球的自由流动。只有资本和劳动力能够在全球自由流动，才能促进资本、劳动力、技术等各种要素在全球范围内的有效配置，从而不断提高投资效率。三是要重构国际经济新秩序。当前世界经济格局表现为美国是全球最大的经济体、发达国家经济体在全球经济中占有主要位置，同时，以中国为首的发展中国家经济的崛起成为改变世界的重要力量。未来，要努力推动国际经济政治秩序朝着公平合理的方向发展，促进全球经济再平衡。四是要调整收入分配，促使国民收入在投资和消费之间的分配更加协调。

第二节　四种经济状态的相互关系

全球经济波动是各国经济波动的综合性结果。这种波动表明，各种类型的经济状态可以在同一空间同时并存。这种并存导致各个经济状态之间必然发生密切关系。

一、状态锁定

所谓状态锁定，是指一个国家长期处于某一类型的经济状态无法超越。这种状态锁定，虽然短期有一定好处，但长期看，其弊端会越来越明显。

以苏联为例，从1917年俄国十月革命胜利到1991年苏联解体，时间跨度长达74年，苏联在如此长的时间内都被锁定在供给不足型经济中而无法超越。这充分说明经济状态的惯性。之所以经济具有如此强烈的惯性，其原因是多方面的：

一是利益惯性。在该经济状态下，已经培养了一大批与之相关的利益群体，这些利益群体会用一切方法巩固、延续该经济状态的运行。

二是体制惯性。一般说来，一种经济状态运行越久，则人们就越会熟悉该种经济运行状态的体制和规则。如果没有新的内外部因素冲击，人们会有很强的动力去维持该体制运行。苏联时期，计划经济经过几十年的运行，各级政府机构和人民对其运行机制已经从了解、适应再到得心应手，此时，要想改变该体制，意味着要改变人们在该体制下的全部工作方式、生产方式和分配方式，这具有相当大的难度。

三是眼界的局限性。从人的本性来说，人性中有创新的一面，也有保守的一面。对于大多数人来说，保守的一面大于创新的一面。越是熟悉的事物，就越容易得到维持和巩固。越是新事物，就越不容易得到人们的理解和支持。因此，要想接受新事物，开放是必由之路。当年美苏争霸时，苏联和美国实际上将全球阵营划分为计划经济阵营和市场经济阵营。这种划分，使苏联的眼界局限在局部范围内，而无法真正放眼全球。眼界的局限性导致外部新鲜事物不容易被介绍和吸收，这就无法从比较中找到打破经济状态的思路和方法，从而导致经济被长期锁定在某一状态。

二、状态调整

一旦经济被锁定在某一状态而导致效率低下时，就要进行调整。这种调整，目的就是让经济从失衡状态逐渐向均衡状态转变，或者减少失衡幅度，以避免经济陷入严重失衡甚至导致经济危机。从调整幅度和范围来看，可以分为总量性调整和结构性调整。

（一）总量性调整

总量性调整就是要对经济体制进行根本性调整，这种调整是对整个经济状态的根本性调整。例如，我国从计划经济条件的供给不足型经济向市场经济条件下的投资推动型经济调整，美国从需求不足型经济向消费拉动型经济的调整，就是其中的两次大调整。这种调整实质是国家经济体制的根本性变革。我国就是在1978年实行了经济体制的转型，从而才有经济状态的大调整；同样，美国就是当年实行了罗斯福新政，才会有经济状态的大调整。

因此，大调整是非常剧烈的状态变革，调整得好，经济会上大台阶，调整不好，经济甚至国家都会崩溃。如苏联解体、二战爆发都是这种大调整不利产生的后果。因此，一旦出现大调整，就会出现经济状态类型的改变，这对该国经济发展会产生深远影响。

（二）结构性调整

结构性调整只是对经济运行机制进行调整，而不涉及经济体制的根本变化。这种结构性调整主要是针对经济的结构性失衡展开的。比如，我国为调整投资推动型经济状态的消极影响，出台了以供给侧结构性改革为主线的经济调整思路。供给侧结构性改革就是对经济结构进行调整。结构性调整主要采用投资政策和消费政策调节经济数量关系、经济结构关系和表层的体制机制，而不涉及基本经济体制机制的根本性改变。

因此，一个国家要根据经济所处的不同状态采取不同的调整思路。当经济处于总量性失衡尤其是处于需求不足型经济状态时，很可能要采取总量性调整措施；而当经济处于市场经济条件下的供给不足型或者投资推动型、消费拉动型经济时，主要采取结构性调整措施。

三、状态割裂、状态共存和状态互补

所谓状态割裂，是指一种类型的经济状态和其他类型的经济状态相互割裂。这种状态割裂之所以会产生，就是因为一个国家的经济与其他国家的经济相互来往很少甚至不来往。从历史上看，有五种情况：第一种是早期的原始社会、奴隶社会和封建社会，由于技术原因导致要素难以在全球范围内流通。第二种是由于自身采取闭关锁国的政策，导致该国经济与国外联系甚少，如清朝我国实行的海禁政策。第三种是来自外部封锁。第四种是计划经济时代，计划经济时代以苏联为首的华约集团和以美国为首的北约集团相互之间的贸易往来就很少。第五种是由于各种冲击导致全球化进程减缓。2020年全球暴发的新冠肺炎疫情导致全球人流、物流不畅，全球各国为阻断疫情传播纷纷采取封闭边界、限制人员流动的办法，从而导致各国经济流动受阻。一旦出现经济状态割裂，就意味着该国与外界的联系被切断。在经济全球化的背景下，一旦该国对外交往的渠道被切断，意味着该国与国外的产业链被切断，这对该国的经济发展是致命的，会导致经济增速的下降。

状态共存是指多种类型经济状态在同一时间内同时存在。对于世界经济而言，各个国家的经济状态是不同的，如发达国家一般是消费拉动型经济，我国经济是投资推动型经济，而朝鲜就属于计划经济条件下的供给不足型经济。

状态互补是指不同类型经济状态优缺点的互相补充。由于不同的状态可以共存，只要各种类型的经济相互之间保持开放，允许要素之间相互流动，则不同类型的经济状态就会互补。正如第一节指出的，全球经济总体看还是比较平衡的。之所以全球经济总状态相对平衡，就是因为不同经济状态之间的优缺点相互中和，从而保证了全球经济的总体稳定性和平衡性。

第三节　当前中美经济状态综合分析

第六章指出当前中国是投资推动型经济的代表，第七章指出当前美国是消费拉动型经济的代表。作为两种经济类型的代表，两种类型经济的发展对于重塑全球经济社会发展格局具有重要意义。

一、当前我国经济状态调整分析

2014年，我国经济发展进入新常态。习近平总书记指出：“‘十三五’时期，我国经济发展的显著特征就是进入新常态。新常态下，我国经济发展的主要特点是：增长速度要从高速转向中高速，发展方式要从规模速度型转向质量效率型，经济结构调整要从增量扩能为主转向调整存量、做优增量并举，发展动力要从主要依靠资源和低成本劳动力等要素投入转向创新驱动。这些变化，是我国经济向形态更高级、分工更优化、结构更合理的阶段演进的必经过程。实现这样广泛而深刻的变化并不容易，对我们是一个新的巨大挑战。”[①]所谓新常态，就是指我国经济发展速度的转变，经济发展方式的转变，经济结构的调整和发展动力的转化。

从经济状态理论来看，所谓新常态，是指我国投资推动型经济的负面效应开始逐渐显现。这些负面效应，被概况为三大攻坚战，即要打好防范化解重大风险、精准脱贫和污染防治攻坚战。这三大攻坚战表明我国经济过度投资所带来的负面效应。

重大风险尤其是重大金融风险与我国的投资体制密切相关。地方政府作为重要投资主体，以土地作抵押建立融资平台，从银行等机构借入大量贷款，导致地方政府债务风险不断累积。据统计，截至2019年12月末，全国地方政府债务余额213072亿元。其中，一般债务118694亿元，专项债务94378亿元；政府债券211183亿元，非政府债券形式存量政府债务1889亿元。地方政府债券剩余平均年限5.1年，其中一般债券5.0年，专项债券5.2年；平均利率3.55%，其中一般债券3.56%，专项债券3.55%。地方政府债务余额占GDP比重达到21.50%。[②]

精准脱贫与投资和消费的比例失调有关系。由于强调投资推动、消费不足，这就导致居民收入分配不足，同时，我国城乡二元经济体制导致农民的收入水平低于城镇居民收入水平，大量贫困人口集聚在农村。2014年精准识别12.8万个贫困村8962万名贫困人口。[③]

污染防治与我国投资推动型经济状态密切相关。由于大量投资导致我国资源能源大量消耗，生态环境出现严重污染。2013年，我国用占世界能

① 习近平：《在省部级主要领导干部学习贯彻党的十八届五中全会精神专题研讨班上的讲话》（2016年1月18日），http：//www.xinhuanet.com//politics/2016-05/10/c_128972667.htm。

② 数据来源：http：//www.gov.cn/xinwen/2020-01/22/content_5471586.htm。

③ 数据来源：http：//www.xinhuanet.com/politics/2017-02/28/c_1120543533.htm。

源消费量20.9%的比重，创造了12.3%的GDP。2013年，按2011年不变价计算，我国每生产万美元国内生产总值消耗1.89吨标准油，高于1.31吨标准油的世界平均水平。2012年，我国温室气体排放量为12454.7百万吨二氧化碳当量，占全球排放总量的23.6%。2013年，我国空气中PM2.5含量为54.4微克/立方米，高于世界31.5微克/立方米的平均水平。2014年，我国淡水抽取量占水资源总量比重19.7%，高于9.1%的世界平均水平。2015年，我国森林覆盖率为22.2%，低于世界30.8%的平均水平。①

中央提出，经济进入新常态，要以供给侧结构性改革为主线，推进去产能、去杠杆、去库存、降成本、补短板。这从理论上说，就是要努力消除过度投资给经济带来的负面影响，争取经济转入平衡状态。

目前来看，供给侧结构性改革取得阶段性成效。一是表现为经济增速基本稳定。2014—2019年，我国经济增速在6.0%~7.5%波动，总体保持稳定。二是物价基本稳定。2016年、2017年、2018年居民消费价格指数分别为2.0%、1.6%、2.1%。三是就业保持稳定。城镇登记失业率逐渐下降，从2014年的4.09%逐渐下降到2019年的3.60%。②

二、当前美国经济状态调整分析

国际金融危机时，美国消费率不断上升。2008年美国的消费率为96.44%，2009年进一步上升到115.35%。奥巴马执政后的第一任期内，通过采取扩张性财政政策和扩张性货币政策应对危机。这种扩张性的财政政策导致财政支出迅速加大，财政赤字快速增长，量化宽松的货币政策导致货币供给量迅速增加。同时，这种扩张性政策也使美国经济摆脱

① 国家统计局编：《国际统计年鉴2016》，中国统计出版社。

② 数据来源：《中国统计年鉴2019》，《中华人民共和国2019年国民经济和社会发展统计公报》。